Kulmbach
Erbendorf
Weiden
Sulzbach-Rosenberg
Kötzting
Dietfurt
Kelheim
Straubing
Grafenau
Nieder-
alteich
Hals
Freising
Tittmoning
Bad Aibling
Endorf
Anger

Eugen Oker

Bayern
wo's kaum einer kennt

Band 3

nymphenburger

Umschlaggestaltung: Günter Vierow, München
Satz: Fotosatz-Service Weihrauch, Würzburg
Gesetzt aus der Garamond 10/11.5 p,
System Berthold
Druck und Binden: Ebner Ulm
ISBN: 3-485-00492-8

Rudolf Reiser gewidmet

Inhalt

ANGER
Des Königs schönstes Dorf

Ob sie auf dem Weg sind nach dem sonnigen Süden oder zum Skifahren, ob sie dahinbrausen oder sich im Stau vorquälen, ob sie Norddeutsche sind oder Bayern oder Holländer, Belgier, Engländer: Millionen sind inzwischen auf der Autobahn unweit nördlich von Bad Reichenhall schon in den Ruf ausgebrochen: „Ach, schau nur bloß, wie schön!"

Sie meinen das stolz hochragende Dorf Anger mit dem Zeigefinger seines Kirchturms.

Aber: Vorbei sind sie!

Sicherlich dachte sich schon so mancher: Da müßte man einmal hin. Einen Abstecher machen. Aber wie? Runter von der Autobahn über die Ausfahrt Reichenhall und auf der Landstraße zurück? Welcher Autoreisende brächte das fertig? Ja, wenn das Dorf eine eigene Ausfahrt hätte!

Es hat. Eine, die kaum einer kennt. Sie ist nicht betafelt und findet sich auf keiner Autokarte. Man muß sie wissen. Die Einheimischen wissen sie. Und Sie jetzt auch.

Drum: Sehen Sie das nächste Mal Anger auftauchen, überholen Sie nicht, bleiben Sie äußerst rechts und drosseln sie Ihr Tempo. Dann können Sie sie gar nicht verfehlen bei Kilometer 117 – und Sie fahren einfach hinaus.

Gleich wird es idyllisch. Zwei Kapellen am Straßenrand, wie bestellt. Und da baut sich schon Anger auf seinem Nagelfluhfelsen in die Höhe. „Das schönste Dorf in meinem Königreiche", nannte es Ludwig I. Ist es wirklich das schönste, oder kam es ihm nur so vor, weil seine geliebte Lola Montez zuweilen dort wohnte?

Anger hält, was es im Vorbeifahren verspricht. Die so kühn in den Himmel ragende Kirche birgt als Einmaligkeit in der katholischen Welt eine duftig-barocke Strahlenmadonna in dreifachem Rosenkranz. Das elegante Gotteshaus ist unverputzt aus heimischen Nagelfluhquadern errichtet. Die weiße Aufmalung der Fugen ist original.

Das Baumaterial stammt aus der nächsten Umgebung, dem Högl, ein aus weichem Stein bestehendes, isoliert liegendes Hügelgebiet. Der Stein ist feucht leicht zu bearbeiten, wird trocken ungemein hart, so daß er als Schleifstein dienen kann. Anger hat deshalb einen Raithelhaken im Wappen; dieser diente zum Herausziehen der Steine. Eine Moschee in Istanbul ist übrigens aus höglischem Nagelfluh gebaut. Anger besitzt den schönsten Anger Bayerns. Wirklich noch einen grünen Dorfplatz. Nur ist die Wiese halt nicht mehr vom Vieh kurzgehalten, sondern vom Rasenmäher. Und statt der Kühe drauf stehen Autos drum herum.

Auf dem Angerer Anger findet – wie könnte es anders sein? – ultra-bayerische Folklore statt. Die dortige Fronleichnamsprozession aber ist einer der letzten echten Trachtenumzüge Oberbayerns. Sie führt zu einem Fleck Erde, den Fachleute, die es wissen müssen, mit den höchsten Prädikaten versehen haben. „Vollendete Idylle“, nennt Benno Hubensteiner das nach Gerhard Eckert „romantischste der vielen Klöster“, Höglwörth, den am tiefsten von neun Högl-Orten Gelegenen in einem Loch von sechzig Metern Tiefe: „Ein kleiner, bös schillender, fischreicher See füllt das Loch aus.“

Friedrich Springorum schreibt: „Die Überraschung über die Schönheit der Lage von Höglwörth ist groß: Wie aus einer gotischen Tafel genommen, breitet sich ein Bild vor uns aus, in dem Natur und Kunst sich auf anmutige Weise vereint haben. Ein kleiner See, wald- und wiesenumgeben, in Insellage Kirche und Kloster, die durch eine Brücke mit dem Land verbunden sind; vor dem befestigten Torhaus die alte Klosterwirtschaft, von hohen Bäumen beschattet; das alles tief im Tale liegend und ringsum von Hügeln umschlossen, über denen Staufen und Untersberg auftauchen.

Wenn man einem Fremden den Idealfall einer bayerischen Landschaft mit Bergen, Badesee, Wiesen, Gasthaus, Kloster und Kirche beschreiben sollte, eine Landschaft und eine Architektur, die durch ihren Stil den von Auswärtigen stets gemachten Anspruch auf ‚barock‘ erfüllen, man müßte Höglwörth zum Vorbild nehmen; denn wie in einem Märchenbilderbuch liegt hier alles nah und schön beisammen.“

Wer um die Osterzeit in die Gegend kommt, sollte sich eine Rarität, die anderwärts längst ausgestorben ist, nicht entgehen lassen: das von vielen farbigen Glaskugeln illuminierte Heilige Grab am Karfreitag.

Schließlich eine originelle, einmalige Side-story: Das Kloster war dermaßen unberühmt und lag so versteckt, daß man es bei der Säkularisation glatt vergaß. Das meldete der sehr weltlich gesinnte Propst Gilbert Grab der hohen

Obrigkeit, die daraufhin nichts Eiligeres zu tun hatte, als das Kloster an den Bierbrauer Wieninger von Teisendorf für 9000 Gulden zu verscherbeln. Der Komplex gehört der Brauerei heute noch. In die schlechtesten Hände ist die Klosterburg, wie jedermann feststellen kann, damit nicht gekommen.

8233 Anger, 1500 Einwohner, Auskunft 0 86 56/6 67
Topographische Karte 1:50.000 L 8142 Laufen
Bad Reichenhall 10 km, Traunstein 22 km, Berchtesgaden 38 km

AUGSBURG

Patronin der Huren

Um den Wirkungsgrad der bislang bekannten Motoren zu verbessern, konstruierte der in Paris geborene Ingenieur Rudolf Christian Karl Diesel (1858–1913) eine mächtige Maschine, die alles tat, nur nicht laufen. Mehrmals flogen dem Erfinder und seinen Helfern sogar die Teile um die Ohren. Wochenlang trieb eine Dampfmaschine den riesigen Apparat an, da, am 17. Februar 1894, machte er nach einem ohrenbetäubenden Knall seine ersten Umdrehungen – mitgezählte achtundachtzigmal. Der Monteur nahm schweigend die Mütze ab.
Die unwirsche Maschine steht heute im Diesel-Museum der MAN (Maschinenfabrik Augsburg–Nürnberg) in Augsburg (Heinrich-von-Buz-Straße 28). Dort, wo sie ihren ersten Schnaufer tat, in einer lärmumtosten Halle der Fabrik, befindet sich ein großer Gedenkstein:

> An dieser Stelle ent-
> stand in den Jahren
> 1893–1897 der erste
> Dieselmotor der Welt

Die mühselige Erfindung veränderte die Welt, denn der neue Motor verbrauchte dreimal weniger Brennstoff als die beste Dampfmaschine und war doppelt so sparsam wie ein Ottomotor. Da machte es nichts aus, daß er auch dreimal mehr stank. (Er tut es heute noch.)
Der Ingenieur wurde reich, baute sich in München (Maria-Theresia-Straße 32) eine mit allen Raffinessen ausgestattete Villa, verschuldete sich hoffnungslos und verschwand anläßlich einer Reise nach England auf mysteriöse Weise im Ärmelkanal. Seine in der Nordsee treibende Leiche

konnte nur auf Grund seiner Pillendose identifiziert werden.

Die Idee Rudolf Diesels
hat nicht nur zum Bau
großer Kraftmaschinen
geführt. Durch die
Herstellung einer Unzahl
kleiner Dieselmotoren ist in
aller Welt das Leben des
Bauern und des Werkmannes
erleichtert und die menschliche
Arbeitskraft vervielfacht worden.
So wurde Rudolf Diesel zu
einem Helfer der Menschheit.

Dies steht auf einer der Tafeln des Diesel-Hains, einer fernöstlichen Reverenz vor dem Genie eines deutschen Erfinders. Alle Steine der mystisch wirkenden Anlage im Wittelsbacher Park wurden nämlich von Japan herübergeschifft und nach kultischen Kriterien aufgestellt. Und so die mitgelieferte Gebrauchsanweisung aus Nippon: „Dieser Garten aus japanischen Steinen ist ein unvergängliches Werk der Kunst.
Jeder Stein dieses Gartens stammt in seiner vollendeten Schönheit aus sauberen, von Menschen kaum betretenen Tälern.
Die Gruppen größerer und kleinerer Steine stehen in notwendiger Beziehung zueinander und sind in vollkommener Harmonie in die ganze unendliche Umwelt eingebettet. Diese bescheidene und schlichte Anlage wird den Beschauern bald wie ein weites Meer mit Inseln erscheinen, bald wie ragende Berge, die aus den Wolken hervorlugen. Dieser Gedächtnishain ist ein Steingarten, der ehrfürchtig an einen großen Mann erinnern soll.
Am Nebelmorgen, in der Stunde des Abendrots werdet ihr hier von allen irdischen Leiden befreit. Mit herzlicher Freu-

de, mit steter Hoffnung, in unendlichem Frieden und mit wärmster Menschenliebe werdet ihr diesen Gedächtnishain des großen Mannes verlassen."
Der asiatischen Ehrfurcht steht nicht unbedingt eine ebenso gefühlvolle schwäbische gegenüber. So empfindet man offenbar die ebenfalls um den halben Erdball geschifften faustgroßen Katzenköpfe als vorzügliche Wurfgeschoße, was bereits die Nase des großen Mannes in Mitleidenschaft gezogen hat.

Unsterblich lebt dein Geist
Weit in den Landen Japans

Und wie lautet das Diesel-Zitat auf einem Nachbarfindling?

DER GROSSE LEBT
NICHT FÜR SICH
SONDERN FÜR ALLE

Dies gilt, scheints, bis übers Grab hinaus. (Friedsamer ruht seine Frau Martha auf dem Bergfriedhöferl von St. Margarethen bei Brannenburg. Und ganz ohne Motorenlärm und Abgase.)
Nicht erst im 20. Jahrhundert exportierte Augsburg tüchtige Schiffsmotoren. In früheren, gröberen Zeiten transportierte die Stadt ihre Schwerverbrecher nach Venedig und verkaufte sie als Galeerensklaven: Flachsenmotoren.
Das begann damals, als Cornelius Tacitus (55–120) in der ältesten schriftlichen Quelle über die Germanen (De origine, situ, moribus ac populis Germaniae) Augsburg „die glanzvollste Koloniestadt der Provinz Rätien" nannte.
Um 300 herum läßt die Legende die Königin von Zypern, Hilaria, nebst Tochter Afra (Afrikanerin) „nach schweren Schicksalsschlägen" nach Augusta Vindelicorum kommen. Wieso akkurat hierher? Weil Afra, nachdem ihr Vater erschlagen worden war, von der Mutter in Rom dem Dienste

der Venus geweiht, träumt, sie solle „Königin von Augsburg" werden.
Sie wird es, freilich auf Umwegen:
An die Tür ihres dortigen, dem horizontalen Gewerbe dienenden Hauses klopft eines Nachts der durchreisende heilige Bischof Narcissus. Die Legenden bemühen sich um einen unverdächtigen Grund. Aus Unwissenheit meint die eine, weil man ihn dort hinwies, meint eine andere und eine dritte, weil in keiner Herberge mehr Platz war. Wie auch immer: Puffmutter und -tochter bekehren sich samt der Belegschaft zu christlichem Glauben und keuschem Lebenswandel.

Dem Venus-dienst ergeben wahrest,
Disß gibst du, Afra, selber zu:
Da du die Göttlich lieb erfahrest,
Ist Vesta nit so keusch wie du.

Narcissus tauft sie alle, einschließlich des Onkels der Afra, Dionysius, den er auch zum ersten Bischof der Stadt weiht. Als sich daraufhin alle weigern, der Göttin Venus weitere Opfer zu bringen, verbrennen die Römer Afra, deren schönem Leib können die Flammen jedoch nichts anhaben.

Durch sie, die gnad in dir ersezte,
Waß dein unwissenheit gethan,
Darum daß feur dich nit verletzte:
Da lieb daß feur nit schaden kann.

Afra erstickt am Rauch, den anderen zündet man das Bordell über dem Kopf an. Sie verbrennen. In der Bartholomäus-Kapelle im Dom sollen die Gebeine der „Königin von Augsburg" im dortigen Steinsarkophag ruhen.

SEPULDOR
ST AFRA
VIRGINIS
MARTYR

Von denen der anderen Märtyrer, Hilaria und Dionysius, weiß man nichts.
So kamen Augsburg und die gefallenen Mädchen zu ihrer Patronin. Und ihr ehemaliges Zunftzeichen, der Pinienzapfen, auch Attribut von Dionysos, dem Gott der Triebkraft der Natur, des Feuchten und Saftigen (Thyrsos-Stab), wurde zum Wappen der Stadt; in der städtischen Architektur taucht er allenthalben auf (Giebel des Zeughauses).
Gute tausend Jahre später machte eine dortige Beinahe-Kollegin ihre Karriere, die Baderstochter Agnes Bernauer (1411–1435). Freilich, Eduard Stemplinger (1870–1964; Horaz in der Lederhos'n) konnte in der Zeit nach 1400 keinen Barbier namens Bernauer in Augsburg finden. Kunststück, denn beim Stadtschreiber Konrad Peutinger (1465–1547) heißt er Leichtlin. Dessen schöne Tochter nennt der zeitgenössische Chronist Hector Mülich aber schon „Angla Bernauerin", woraus der Historiker Johannes Frank (1472 in Augsburg gestorben) eine „Engel Bernauerin" macht, eine Erkärung dafür, daß in der Sage die „Agnes" manchmal „Engel von Augsburg" genannt wird. Der Sternenlauf der späteren Herzogin war nur kurz. Ihr Schwiegervater Herzog Ernst, ein Enkel des Wüterichs von Donauwörth (vgl. Band 1, auch Brennberg), ließ sie ertränken (s. Straubing). Ein Chronist meint, daß er sie „gen hymel gefertigt hett". Die Haut der Dukessa soll so zart gewesen sein, daß man roten Wein durch ihre Kehle habe hinabrinnen sehen können.
Das gleiche behauptet man hundert Jahre später von einer anderen Bürgerstochter namens Philippine (1527–1580), die österreichische Erzherzogin wurde. Sie traf es besser, bekam keinen so bösen Schwiegervater und lebte mit ihrem Ferdinand glücklich im Schloß Ambras in Tirol, ja die beiden galten sogar als ein klassisches Liebespaar. Freilich kam Philippine nicht von so weit von unten. Sie stammte aus der steinreichen Kaufmannsfamilie der Welser. Ihr Porträt hängt im Café-Restaurant Bertele gegenüber dem Rathaus.

Bei der anderen berühmten Kaufmannsfamilie, den Fuggern, standen sogar Kaiser und Päpste in der Kreide. Der mächtige Jakob Fugger (der Reiche; 1459–1525) gründete die erste Sozialsiedlung der Welt. Vermutlich aus schlechtem Gewissen. Zu den dort lebenden, „unschuldig in Not Geratenen" gehörte auch der Urgroßvater eines Genies:

IN DIESEM HAUSE WOHNTE
VON 1681 BIS 1693 DER MAURER
FRANZ MOZART.
DIESER BÜRGER DER FUGGEREI
SCHENKTE MIT SEINEM URENKEL
W.A. MOZART
DER MENSCHHEIT DEN GRÖSSTEN
TONSCHÖPFER AUS
SCHWÄBISCHEM STAMM

Mozarts Vorfahre zahlte pro Jahr einen Rheinischen Gulden Miete für drei Zimmer, Küche und Gärtl. Und er verpflichtete sich, wie alle anderen „wackeren, aber armen Mitbürger" täglich in der kleinen Markuskirche ein Vaterunser, ein Ave Maria und das Glaubensbekenntnis „in Dankbarkeit für die Stifter und Wohltäter" der Fuggerei zu beten. Heute gelten für den Insassen noch die gleichen Bedingungen: Er muß unverschuldet arm sein und darf nicht mehr als das Vierfache des Sozialhilfesatzes (zur Zeit 362.00 Mark) verdienen. Und er muß katholisch sein: Georg Fugger, der die Wahl Karls V. zum Kaiser mit annähernd 850.000 Gulden Bestechungsgeldern als „überzeugter Feind der Reformation" finanzierte, würde sich über ein evangelisches Vaterunser im Grabe umdrehen! Und sein Bild hängt schließlich in jeder der 147 Fuggerei-Wohnungen!
Auch die Jahresmiete ist gleich geblieben: ein Gulden, das sind umgerechnet 1,72 Mark!
Dies ist natürlich ein Anerkennungspreis, ein historischer Gag. Finanziert wird die Stiftung zu 30% von Erträgen aus

Georg Fugger: Sein Bild in jeder Wohnung

Landwirtschaft und Miethäusern, zu 70% aus den dreitausend Hektar Wald nordwestlich von Augsburg.
Und dieser Wald stirbt. 45% der Bäume sind schon sichtbar geschädigt. Die Forstdirektion rechnet mit 20% Zuwachsverlust. Das sind fünftausend Festmeter Holz weniger, was einem jährlichen Minus von einer halben Million Mark

entspricht, genau der Summe, die die Fuggerei für ihren Unterhalt braucht. Die wackeren Mitbürger darin sollten schön langsam und klammheimlich anfangen, statt für den Fugger, den die zirka 20 Millionen Gebete der vergangenen vierhundertvierundsechzig Jahre denn doch wohl schon aus dem Fegefeuer herausgeholfen haben dürften, für den Wald zu beten.

Die Fuggerei ist die längere Zeit des Jahres eine Idylle der Beschaulichkeit, ähnlich jener der belgischen Beginenhöfe. Nur in der touristischen Hochsaison knattern die Verschlüsse der Kameras wie Maschinengewehre. Aber um zehn Uhr nachts werden wie seit je die Tore geschlossen. Mittelalterliche Stille herrscht dann in den Gassen. Wer später nach Haus kommt, muß eine Mark Buße berappen. Ist es schon nach Mitternacht, sind es zwei Mark. Um achtundzwanzig Pfennige mehr als die Jahresmiete.

8900 Augsburg, 250.000 Einwohner, Auskunft 0821/36026
Stadtplan 1:15.000: Falk-Faltplan
Sehenswert: Dom (Glasgemälde, Broncetür), St. Ulrichs-Münster, St.-Anna-Kirche (Fuggerkapelle), St.-Moritz-Kirche, Rathaus, Fuggerei, Schaetzlerpalais mit Rokokofestsaal, Zeughaus, Fuggerpalast (Damenhof); Mozarthaus, Maximilianmuseum, Perlachturm, Augustusbrunnen, Herkulesbrunnen, Merkurbrunnen, Heilig-Geist-Spital (Augsburger Puppenkiste), Rotes Tor, Tiergarten, Botanischer Garten, Werkmuseum der MAN.
München 65 km, Ulm 80 km.

Quellen: Karl Bosl, Helmut Seitz, Karl Wieninger, Jochen Reiss, Guntram Lautenbacher, Hiltgart L. Keller, Erna und Hans Melcher, Carsten Peter Warncke, Max Lachner.

BAD AIBLING

Adenauers Rosenkranz

Der nette Bursch auf der Ottosäule am südlichen Ortsrand von Ottobrunn ist natürlich König Otto I. von Griechenland (1815–1867). Siebzehnjährig. Nach ihm heißt der Ort, und der hat die Ottosäule im Wappen. Ottobrunn hat verständlicherweise eine Partnerstadt in Griechenland: Nauplia, wo der König 1833 einzog.
Am Nikolaustag 1832 brach er mit einer Schutztruppe von dreieinhalbtausend Mann gen Süden auf. Bis zum Höhenbrunner Forst begleitete ihn „sein erhabener Vater", König Ludwig I. (1786–1868).
Das war seinerzeit ein Denkmal wert. Das Gedicht darauf ist steinerweichend:

Zum Abschied hat die Stunde hier geschlagen
Vom Vaterherz im theu'ren Vaterland
Die deutsche Brust hin zum Altar zu tragen
Hinan zum Großen Morgenopferbrand
Mit Gott nun muthig auf zum griechischen Strande
Heil Hellas! Heil erkor'ner König Dir!
Bist Du auch fern von Deinem Vaterlande
In Lieb' und Treue denken Deiner wir

Dies hat auch im Herzen des Volkes seinen Widerhall gefunden. Das innige Lied des Soldaten, der Heimat nebst Schatz verlassen muß, singt sich heute noch zum Weinen schön:

Die dritte Strophe kommt dann zur Sache:

Jetzt fahren wir ins Griechenland,
Pfüat di God mei liabes Vaterland.

Dreißig Kilometer südöstlich von Ottobrunn liegt Aibling. Zwischen den Fenstern von „Auer's Gasthaus zum Duschlbräu“ am Marktplatz nimmt auf einem ungelenken Bild im ersten Stock der junge Otto Abschied von seiner Mutter Therese (1792–1854), die, die dort übernachtet hatte (wie später ihre Rivalin Lola Montez), auf das Söhnchen wartete, ihn die Straße hinaus bis zur Mündung der Glonn in die Mangfall begleitete und dann im Duschlbräu „fast ohnmächtig von ihrem herben Schmerz ausruhte“. Auch dieses hatte ein Monument zur Folge. Drei Jahre später verewigten „teilnehmende Frauen aus allen Gauen Bayerns ihre und ihrer Königin-Mutter opfernde Liebe“, indem sie den pompösen, neogotischen Obelisken von Friedrich Ziebland (1800–1873) stifteten. Gelegentlich seiner Einweihung veranstalteten hundert Schützen der Umgebung ein Festschießen, wobei sie selbstgemachte Treuesprüche von sich gaben:

Es lebe unsre Königin,
sie liebt uns ja mit Muttersinn.

Monument königlichen Mutterschmerzes, von bayerischen Frauen bezahlt

Wir können heute fröhlich schießen,
weil wir gesund in Hellas Otto wissen.

Oh, daß des Königs Leben wüchse
bei jedem Schuß aus meiner Büchse.

Das letzte und größte Denkmal dieser sentimentalen Abschiedstour ist übrigens die zweistöckige Otto-Kapelle in Kiefersfelden, an der Stelle des „Abschieds von seiner Heimat", direkt an der Grenze nach Österreich.

Zur
Bewahrung
des
Andenkens an die Stätte, auf welcher
der auf Griechenlands Thron berufene
zweytgeborene königliche
Prinz Otto von Bayern
nach der am 6. Dezember erfolgten
Abreise aus der königl. Residenzstadt
am darauffolgenden Morgen
von Kufstein zurückeilend noch einmal auf
bayerischen Boden von seinem theuern
Vaterlande Abschied genommen hat,
wurde aus freywilligen Beyträgen des
bayerischen Volkes diese dem heiligen
Otto geweihte Kapelle erbaut
1834

Was war denn aber dies für eine Geschichte mit diesem bayerischen König in Griechenland?
Die vom Türkenjoch befreiten Griechen sollten einen König haben. Da bot sich der Sohn des philhellenistischen Ludwig I. fast von selber an. Mit großem Enthusiasmus ging Bayern die Sache an, so wie es – ebenfalls – an der Ottosäule steht:

Vom Fluche freigesprochen ist der Sclave,
Den Tyrannei schlug in das Türkenjoch.
Geweckt ist eine Welt aus ihrem Schlafe,
Befreiung schwingt des Sieges Palme hoch.
In Hellas zieh'n erfreute Millionen
Hochjauchzend dem Jahrhundert Otto's zu
Sie leben nun im Buch der Nationen.
Beglückt durch Eintracht, Sicherheit und Ruh.

Und was wurde daraus?

Eines der komischsten und traurigsten Beglückungsmanöver aller Zeiten, meint Carl Amery (Jahrgang 1921).
Was weder der König noch die Tausende von bayerischen Beamten, die das Land überschwemmten, je kapierten, war, daß die mit Albanern, Zingaren und Slawen durchsetzten „modernen" Griechen mit den Schulbuch-Hellenen des deutschen Humanismus herzlich wenig zu tun hatten. Das allgemeine Mißverständnis hatte einen Aktenbetrieb nach bayerischem Muster in einer von der griechischen Wirklichkeit abgedichteten Kolonie zur Folge.
„Die bayerischen Landsleute haben Gesellschaften unter sich. Ein Bräuhaus ist in Athen seit zwei Jahren im Betriebe und wird stark benützt. Eine Gesellschaft „Zum Grünen Baum", mit Garten, Kegelbahn, steinernen Bierkrügen, Gesang und lauten Gesprächen, erinnert an das ferne Ufer der Isar." Als der Geheime Ministerial-Kanzlei-Konzipist von Wastlhuber Ehrenmitglied der Gesellschaft wurde, beteuerte er, daß Athen eine Vorstadt Münchens geworden sei.
Sämtliche Titel des Beamtenapparates wurden von Schulmeistern ins Altgriechische übersetzt, beispielshalber Kreisinspektor: nomo-epitheoretis. Im Schriftverkehr bediente man sich der erhabensten Kanzleisprache und endete in den heute unglaublichen Floskeln „allerunmaßgeblichst", „allerunvorgreiflichst", „allerunzielsetzlichst".
Die heimischen Freischärler wurden abgemustert und durch eine reguläre Truppe in ordentlichen Uniformen ersetzt; die achttausend Mann befehligten tausend Offiziere, darunter siebzig Generale. Die flinken Flotten wurden der Verrottung überlassen, dafür kaufte man ein Dampfschiff, das die meiste Zeit nicht funktionierte.
Besonders verheerend wirkte sich aus, daß König Otto, ohne ihr beizutreten, die Oberaufsicht über die orthodoxe Kirche beanspruchte, die Zahl ihrer Bischofssitze drastisch reduzierte und von den vierhundert Mönchsklöstern nur noch zweiundachtzig übrig ließ.

Das ganze System erhielt den griechischen Namen „Bavarokratie“ und kostete einen Haufen Geld, das Steuerpächter aus dem Volk herauspreßten. Bald wandelte der Volksmund die Bezeichnung für Bayern „Bavaresi“ in „Barbaresi“ ab.
Es kam, wie es kommen mußte: Eine Revolution jagte die Bürokratie nach zehnjährigem Wirken zurück. („Es lebe die Verfassung! – Tod den Bayern!“) Otto, „ziemlich langsam, aber im Grunde ein guter Mensch“, blieb noch zwanzig Jahre konstitutioneller Monarch, bis auch er, abgesetzt, davongeschickt, ins bayerische Exil nach Bamberg ging, wo er nur noch fünf Jahre lebte und 52jährig starb.
„Er hatte seine Aufgabe in Griechenland nicht besser begriffen, als ein für sichere und gemüthliche Verhältnisse auferzogener deutscher Prinz es tun konnte.“ So das Resümee eines fairen Historikers.
Was blieb vom bayerischen Abenteuer in Griechenland? Ein paar schöne Klenze-Bauten, die Staatsfarben weiß und blau und eine Brauerei. –
Ein viel weniger sentimentales Verhältnis hatten fünfzig Jahre später die von Natur aus kaum wehleidigen Aiblinger zu einem anderen Prominenten. Der massige Wilhelm Leibl (1844–1900), mit Pratzen wie ein Bär, der für drei trank, war ja auch eher ein Mensch nach dem Herzen der wenig zimperlichen Oberbayern, von denen es in einem alten Bericht über eine Hochzeit hieß, dort sei „ain sollich gefecht, schlagen und rauffen von Manns- und Weibspersonen gewest, davon nit ze sagen, Praut und Preutigam alles unainig durcheinander gewest“.
Zehn Jahre wohnte der Kölner Professor gleich gegenüber vom Duschl-Bräu am Marienplatz. Weit hatte er es da nicht zu seinem Stammtisch im Gasthof Lindner, der heute noch in Ehren gehalten wird. An der Wand hängt ein Druck seines wohl berühmtesten Bildes „Drei Frauen in der Kirche“. Die gleiche Reproduktion hängt in der Kirche von Berbling, just an der Stelle, wo ihm seine Modelle saßen.

Vier volle Sommer lang hat er daran gearbeitet, immer an Ort und Stelle und immer mit den drei Frauen, die pro Tag zwei Mark bekamen, insgesamt also eine komplette Aussteuer für die junge Staber Anna (Zach-Nandl), die den Job aber nur annehmen durfte, weil sie kränklich war und nicht auf dem Feld arbeiten konnte.
Aber auch die beiden Alten, die Vogel und die Pongart Marie, wurden gelegentlich krank. Die fielen dann als Modelle aus und Leibl, der auch für Details stets alle drei vor sich haben mußte, war zum Pausieren gezwungen. Der dem Unterfangen mißgünstig gestimmte Pfarrer machte alle nur möglichen Schwierigkeiten, an den Feiertagen ging es sowieso nicht, und auch Licht und Temperatur mußten stimmen, so daß der Maler das Bild oft genug verfluchte. Als aber dann die Bauern vor dem fertigen Werk unwillkürlich die Hände falteten, waren alle Widerwärtigkeiten vergessen.
Viele Einheimische saßen „dem größten süddeutschen Maler seiner Zeit“ Modell in seinem Atelier am Mühlbach. Selten aber blieben Modelle so gegenwärtig wie im Falle des „modernen Holbein“, wie man den Pilotyschüler auch nannte. Von seinem „Mädchen am Fenster“, der 17jährigen Jordan Barbara wissen wir vom Rosenheimer Kollegen Ränkl, wie sie mit 71 ausschaute. Und zum Grab der Lohner Ursula, dem strickenden Mädchen im Hintergrund seiner „Spinnerin“, die neunzig Jahre alt wurde, ist vom Atelier aus nur ein Katzensprung.
Später lebte Leibl in Kutterling bei Feilnbach. Zu seinem dortigen Hausherrn, dem Maurerbauern Georg Kolb, kam in den zwanziger Jahren eine Kölner Delegation, um das Inventar des inzwischen Weltberühmten anzukaufen. Einer der Herren wollte außerdem noch einen schönen, alten Rosenkranz haben, der an der Wand hing. Da mußte sich der Kolb schon arg wundern: „Ja, jetzt muß ich doch schon ganz dumm fragen: Was tun denn Sie mit einem Rosenkranz? Sie san doch a Jud, net, sonst tätens doch koane so alten Bauernstuben net kaufen?“ Da zog der Herr seinen ei-

genen Rosenkranz aus der Tasche. Sein Name war Konrad Adenauer (1876–1967), damals Oberbürgermeister von Köln. Die Leiblstube kam 1937 ins Heimatmuseum nach Bad Aibling, wo auch ein Phonograph die Stimme des Meisters birgt.

Zu Leibls Zeiten war „Oabling“ (Epilinga) bereits Bad, ein stillfreundliches Moorbad, das erste Bayerns. Das Publikum war bürgerlich. „Man kritisiert hier lieber das Rindfleisch und den Kartoffelsalat als die neuen Leistungen in der bayerischen Geschichte. Die Preise sind billig, das Essen vaterländisch.“

Der Dr. Desiderius Beck hatte es aber mit seiner menschenfreundlichen Gründung nicht leicht. Neid, Haß und Mißgunst „haben dem strebsamen Arzt das Leben hart, oft sehr hart gemacht. Verleumdungen, Schikanen aller Art, so zum Beispiel die Absperrung vom Wasserbezug, waren an der Tagesordnung.“

Heute wirbt das Bad recht modern: Ein äußerst knackiger Nackedei steigt glanzpapierganzseitig aus einem Holzbottich. Weiße Punkte auf dem erfreulichen Körper verraten jedoch, was die Dame alles wegkurieren möchte: Zahnkaries, Herz- und Kreislaufstörungen, Fettleber, Magen- und Darmstörungen, Nieren- und Blasenleiden, Ekzeme, Weichteilrheumatismus, Gicht.

Früher hat man anders Reklame gemacht, wenn auch nicht ganz unähnlich: In der Brunnenkapelle des nahen Weihenlinden umgeben die Krankheiten (Blinde, Lahme, Taube, Epileptiker) halt noch eine Gottesmutter, bildlich dartuend (lesen konnten damals ja nicht allzuviele) gegen was das aus dem Mund eines geflügelten, pausbäckigen Engelskopfes sprudelnde Wasser alles hilft.

Weihenlinden liegt unweit von Maxlrain („Kennen Sie das Gegenteil von Maxlrein? – Moritzlraus“) mit seinem Schloß, seiner Brauerei und einer alten Ortstafel, auf der noch Aushebungs- und Landwehrbezirk vermerkt sind. Weihenlinden mit seinen von kleinen Ablegern flankierten Achtecktürmchen hat einen gedeckten Umgang, der die Kirche fünfschiffig erscheinen läßt. Darin erzählen großformatige Mirakelbilder sinnfällig von vielen wundersamen Errettungen und Begebenheiten. Der zweistöckige Hochaltar ist quasi begehbar. Er enthält die überaus intim wirkende Rokoko-Kapelle mit dem goldstrahlenden Gnadenbild. Darüber aber ist wohl die ungewöhnlichste aller Darstellungen der Allerheiligsten Dreifaltigkeit, nämlich dreimal identisch eine göttliche Person mit voluminösem Rauschebart, Tiara und kreuzgezierter Weltkugel: Vater, Sohn und Heiliger Geist.

8202 Bad Aibling, 12.000 Einwohner, Auskunft 08061/2166
Sehenswert: Pfarrkirche und Kurpark.
Topographische Karte 1:50.000 L 8136 Holzkirchen und L 8138 Rosenheim.
Rosenheim 12 km, Miesbach 25 km, München 51 km.

Quellen: Carl Amery, Wolf Seidl, Korbinian Lechner, Marinus Maier, Karl Gillmeier, Gerhard Eckert, Hanna Bösl, Josef Rosenegger, Peter Stadelmayer, Walter Egger, Richard Pinzl.

DETTELBACH
Segen in alle Richtungen

Die einzige Marienwallfahrt der Welt, die auf eine Wirtshausrauferei zurückgeht, gibt es in Franken: Da bezog ein Oberfranke in Unterfranken solche Prügel, daß er, am Leben verzagend, sich an eine Pietà auf einem der vielen, für die Gegend typischen Bildstöcke um Hilfe wandte, die ihm dann auch zuteil wurde. Das blieb nicht die einzige Gebetserhörung, und so entstand „Maria in arena", auf deutsch „Maria im Sand" bei Dettelbach.

Mit einer ungewöhnlichen Barockfassade, deren Prunkstücke vier Steinrosetten und ein prachtvolles, altarähnliches Portal sind, lockte hier Fürstbischof Julius Echter von Mespelbrunn (1545–1617) in seiner großangelegten Kampagne für die Gegenreformation die abtrünnigen Schäflein zur alleinseligmachenden Mutterkirche zurück. Und in sieben Festzelten ließ er 4000 Wallfahrer ohne Rücksicht auf die Konfession bewirten. Mit Erfolg. Die Franziskaner, „robust und von Gesundheit strotzend, bedienten den Wallfahrtsort mit der größten Artigkeit, so daß er einer der berühmtesten in Franken war, und hatten treffliche Kasuisten, die mit den Todsünden und den erläßlichen Sünden und dem Gewissen der Kinder dieser Welt fein umzugehen und schlau zu distinguieren wußten" (Karl Julius Weber 1767–1832).

Drinnen bewegt sich der Besucher durch die treuherzige Galerie großformatiger Votivgemälde, die mit dem vermeldeten Erstlingswunder in Öl beginnt. Darauf ist von der Prügelei natürlich keine Rede mehr:

„Ano 1505 erhielt Nikolaus Lemmer von Melkendorf in Oberfranken schwer verwundet nachdem er ein Jahr lang krank darnieder lag u. trotz ärztlicher Hülfe alles vergebens war, nach Gelübde einer Wahlfahrt u. Opfern einer Wachs-Kerze zur gnadenreichen Mutter Gottes zu Dettelbach seine volle Gesundheit vor diesem Bildstock wider, und sonach die erste Gnade." In der Vierung erhebt sich der Stuckmarmoraufbau des einmaligen Gnadenaltars über einem Quadrat mit eingebuchteten Seiten: An den vier Altären darinnen können der Pilgerzüge eigene Geistliche nach allen Himmelsrichtungen gleichzeitig vier Messen lesen und Segen spenden.

Von gleicher Rarität dürfte die prächtige Kanzel sein, die sich hinter einem dichten Eisengitter erhebt: Jesse, der Stammvater des Heilands, trägt den Kanzelkörper; aus seiner gebeugten Brust sprießen auf Ästen seine Abkömmlinge, siebenundzwanzig Halbfiguren aus Alabaster, dicht neben- und übereinandergereiht und so die Fülle der Persönlichkeiten, die Fruchtbarkeit des Stammes symbolisierend. Über die Rückwand streben die Zweige bis auf den Kanzeldeckel, um in einer Madonna mit dem Kind zu kulminieren: „von Jesse kam die Art." Zu ihr und der Pietà auf dem Hochaltar schlägt dann das Wallfahrerlied mit dem Text von Pater Willibald am Karfreitag empor:

Wo am Main die Reben blühen
grüßt ins Tal ein Heiligtum,
Pilger gläubig dorthin ziehen
zu Mariens Preis und Ruhm...

Direkt neben dem Heiligtum stehen zwei der kunstvollen, typisch unterfränkischen „Marterle". Fährt man weiter ins sanft geschwungene Land hinein, entdeckt man sie allenthalben: archaischen Stelen ähnlich oder kreuzweghaft. Aber auch barock wuchernd wie in Euerfeld, wo man sich der Bildstöcke offenbar besonders liebevoll angenommen hat.

Vom Kloster aus gelangt man über den Wallfahrtsweg zum originellsten Tor Dettelbachs, dem Faltertor. Seine komische Zipfelhaube sieht nach einer Parodie auf den Echter-

Kirchturm mit seiner eingezogenen Spitze aus. Als Abdekkung hat man das alte, sparsame Nur-Nonne-Dach konserviert: Die gewölbten Ziegel werden konvex (Nonne) nebeneinander gelegt und statt am Stoß konkav überdeckt (Mönch) mit Mörtel, dem Schweinsborsten zugesetzt sind, verbunden.

Unterhalb des Tores preist eine Konditorei Muskatzinen an. Ein wohlschmeckendes Gebäck zum Wein, das um 1850 der Bäcker Urban Degen erfunden hat.

Nachderhand erfand man noch eine ziemlich dilettantische Legende hinzu: Ein hiesiger Bäcker trank sich bei einer Wallfahrt in Maria im Sand einen lebensgefährlichen Rausch an, von dem ihn ein zufällig anwesender Kreuzritter durch eine Muskatnuß heilte. Aus Dankbarkeit buk der Bäcker ein Gebäck in Form des Attributs der Pilger, der Muschel. Das Muskat darin macht den Zecher standhafter bei Weingenuß. (Wer weiß eine versoffenere Wallfahrt auf dieser Welt?)

Steil geht es in die Stadt hinab. Kurz vor dem Markt mit dem ältesten Bürgerhaus (Baumannhaus 1478) ist rechterhand der Pranger.

Ano 1674 zu
Dettilabach
hat der hohe Rath allhie
den
PRANGER
laß mach für
bös Leut

Die „bös Leut“ haben aber offenbar nicht größer als einen Meter sechzig sein dürfen.

„Das Städtchen hat ein Rathaus im Stil der Renaissance, das vorzeiten schön und zierlich gewesen sein muß, sich jetzt aber in üblem Verfall befindet; die wackeren Dettelbacher, ‚Senatus populusque Tettelbacensis‘ (der Rat und die Einwohner Dettelbachs) wie auf der Inschrift an der Franziska-

nerkirche so vornehm steht, könnten wohl etwas für die Erhaltung dieses Denkmals ihrer Ahnen tun."
Getrost, lieber Ludwig Braunfels (1810–1885), sie haben! Wenn auch viel, viel später: Uns präsentiert es sich in der Tat wieder „schön und zierlich", und wer kann, soll sich die respektable Ratsstube mit ihren phantastischen Cäsarenköpfen im zweiten Stock zeigen lassen.
Das Rathaus ist übrigens gleichzeitig Brücke. Es überspannt die Dettel, und das querende Gewölbe war lange Zeit die einzige Verbindung zwischen den Stadtteilen.

Türmereiches Dettelbach

Niemand erspäht bei diesem Stadtbummel auf Anhieb den sensationellen Doppelturm der Pfarrkirche St. Augustin: Fast scheint es, als versteckten die Bürger ihr Unikum und geben damit den Spöttern recht, die behaupten, man hätte beim Bau des kräftigen Kirchturms die Treppe vergessen und deshalb den schlanken Extraturm mit Übergang zur Glockenstube nachträglich anfügen müssen. Nur unmittelbar vor dem kuriosen Bauwerk sieht man dies – oder von weit draußen in den umgebenden Weingärten und ein bißchen auch von der Mainfähre aus.

Wahrscheinlich aber geht das liebenswürdige Monstrum auf die Lust der Einheimischen an Türmen schlechthin zurück. Kein Ort vergleichbarer Größe hat nämlich deren so viele. Vierundvierzig waren es einmal, dreißig sind es noch. Diese ehemaligen Wehrtürme der Stadtmauer sind samt und sonders rund, verschieden hoch und inzwischen höchst variabel genutzt: Am Südring neben der Bamberger Straße steht gleich Am Maintor sozusagen das „Grundmodell". Was die Leute daraus machten, demonstrieren gleich anschließend Nachbartürme: Da führt eine lustige Stiege unter ein kappenartig vorgezogenes Walmdach hinein, ein komplettes Häusl stemmt sich samt Balkon auf dünnen Stützen hinauf, ein Fachwerk-Domizilerl versteckt den Turmstumpf hinter weißgestrichenem Diagonalgitterwerk. Aber man muß die ganze Stadtmauer abgehen, um alle die mit mehr oder minder großer Phantasie und unterschiedlichem Aufwand in Ferien- oder Einfamilienhäusel verwandelte Türmerei gebührend bewundern zu können. Etliche Türme dienen keinem erkennbaren Zweck, alle aber sind sie wohlbehütet und damit dem Verfall entrissen. Also kümmerte man sich in Dettelbach nicht bloß um die attraktiven Wehrbauten wie Faltertor und das nette Brücktor – und lag damit goldrichtig. Denn den jetzt putzig wirkenden Abwehrring neiden der Stadt viele, die Gleiches besaßen und es gar nicht früh genug abreißen konnten. So kehren sich viele Dinge im Laufe der Zeiten ins Gegenteilige um.
Dettelbach, das „verträumte Städtchen am Silberband des Mains" und an der Bocksbeutelstraße, geriet im August 1982 unversehens bundesweit in die Presse.

„Eine einzige fehlende Heftklammer an seinem Wahlvorschlag brachte den erst am 11. Juli dieses Jahres gewählten Bürgermeister der Stadt Dettelbach, Reinhold Kuhn (CSU), um sein Amt. Wie das Landratsamt Kitzingen mitteilte, war beim Wahlvorschlag der CSU entgegen ‚zwingender Formvorschriften' die Liste mit den zehn nötigen Unterschriften dem Wahlvorschlag lediglich lose beigefügt, anstatt mit diesem fest verbunden zu sein. Am 10. Oktober wird nun die Wahl wiederholt."

Diese Meldung führte zu einem heftigen Rauschen nicht nur im bundesdeutschen Blätterwald. Das Fernsehen (ZDF Länderspiegel, BR Abendschau) delektierte sich an der viertausend Mark teuren Büroklammer. Nicht nur die „Fidelen Zecher Oppersheim", ein Ludwigshafener Unterhaltungsverein, schickten daraufhin Heftklammern. Kommentar von Bürgermeister Kuhn: „Die Entwicklung Dettelbachs wird um zwei Monate gebremst." Nun, Dettelbach hat's verkraftet.

8716 Dettelbach, 6.500 Einwohner, Auskunft 09324/808
Sehenswert: Stadtbild (mit Mauer und Türmen), Wallfahrtskirche, Rathaus und Pfarrkirche; Marterle in Euerfeld.
Topographische Karte 1:50.000 L 6126 Volkach.
Kitzingen 9 km, Würzburg 19 km.

Quellen: Werner Dettelbacher, Hugo Schnell.

DIETFURT

Chinesischer als China

Dietfurt nennt sich Siebentälerstadt. Aber ich kann zählen wie ich will, ich bring bloß sechs zusammen. Der Einfachkeit halber, sagt man dort, und weils besser klingt als Sechstälerstadt, hat man das sechs Kilometer nördlich gelegene Breitenbrunn mit seiner Laabergabel auch gleich mit hereingenommen. Breitenbrunn ist ein stattlicher Markt mit seinen zwei Schlößchen, dem behäbigen Gasthof ZUR POST aus gotischer Zeit, in dem noch ein Polyphon erklingt, ein Vorläufer des Grammophons, dem wuchtigen Turm der Stadtpfarrkirche, in der die sogenannte Tillymonstranz verwahrt wird, denn dem Feldherrn (1559–1632) wurde vom Kurfürsten Maximilian für seine siegreichen Gemetzel die nahe Burg Breitenegg geschenkt. Ihre Reste kann man über dem originellen Wallfahrtskircherl St. Sebastian erspähen, an dessen Tür uralte Hufeisen von dankbaren Bittstellern hängen, deren Gäulen das heilkräftige Wasser der Quelle am Fuße des Berges wohl geholfen hat.
Zu den sieben Tälern zählt natürlich auch die Altmühl und gleich zweimal, nämlich hinauf und hinab. In dem Flußknie liegt schon wieder eine Wallfahrt. Man verehrt dort die „Drei elenden Heiligen" Marinus, Vimius und Zimius. In drei kostbaren Glasschreinen liegen ihre lebensgroßen Abbilder in echten Gewändern. Sie waren schottische Mönche, von weit her, also fremd, ein Wort, das seinerzeit das gleiche bedeutete wie elend. Auch die Drei Elenden Heiligen haben, wie Votivtafeln zeigen, vielen Leuten geholfen, darunter auch der Schwester des Kurfürsten Max Emanuel.

Das Fremde hat schon immer seine Faszination: eine Mischung aus Angst und Sehnsucht. Und da haben dann die Dietfurter gleich ganz, ganz weit hinausgegriffen. Bis nach China!

Im Altmühltal derblecken sich Nachbarn schon seit eh und je: Die Beilngrieser heißt man, einer vormaligen Vorliebe für eine gewisse Knolle wegen, „Zwiebeltreter." Weil die Berchinger einen Hecht in einen Käfig taten, nennt man sie „Hechte". Die Gredinger heißen „Torabschneider": Anstatt ein besudeltes Tor abzuwaschen, sägten sie die kritische Stelle heraus. Die Kindinger gingen einer Heuschreckenplage mit Spießen zuleibe, weshalb man sie „Heuschrekken" nannte.

Besonders schön ist die Geschichte von den Stammhamer „Hättmasmang". Dort gibt es den sinnigen Brauch, daß vorm Hochzeitsmahl die junge Frau ihrem Mann eine Schüssel voll Kraut gibt, die der sofort zum Fenster hinausschüttet und so dartut, daß er künftig auf Besseres als nur Kraut rechnet. Die boshaften Nachbarn freilich meinen, der Bräutigam dächte dabei sicherlich: „Hätten wir's bloß morgen!"

Wären da noch die Grösdorfer Zuchtlreiter, die Pfahldorfer Schweizer, die Gelbelseer Kalt-am-Hirn, die Böhminger Turmscheißer, die Denkendorfer Dreckverkäufer, die Eichstätter Kübelfranken, die Arnsberger Krautstengl, die Kipfenberger Geißhenker – und die Dietfurter Chinesen. Warum sie so heißen, vermag niemand genau zu sagen. Die einen meinen, der Grund sei der geradezu chinesische Quietismus der Dietfurter, also die Haltung totaler tatenloser Passivität, das Wu-Wei (Nichthandeln) nach Laotse. Die anderen beziehen sich auf einen Eichstätter Kämmerer, der zum Steuereintreiben kam, nur verschlossene Stadttore fand und deshalb seinem Fürstbischof meldete: „Die Dietfurter kommen mir vor wie die Chinesen. Sie verschanzen sich hinter ihrer Stadtmauer und kümmern sich einen Dreck um einen bischöflichen Kämmerer."

Jedenfalls bezeichnet der „Kalender für katholische Christen auf das Schaltjahr 1860“ die Dietfurter so. Und neun Jahre später wird gar die ganze Gegend in einem wissenschaftlichen Artikel des Eichstätter Pastoralblattes „Chinesenviertel“ genannt. Aus Rache?
Wie auch immer: Die Dietfurter haben aus dem alten Spott einen neuen Spaß gemacht. Die „Chinesen“ feiern jeden

Oberpfälzischer Chinakaiser

Fasching chinesischer als es im heutigen China zugehen kann. An jedem Unsinnigen Donnerstag bevölkern kostümierte Chinesen die Stadt, verdrängen für einen Tag Rikschas die Automobile, wenn unter dem tausendstimmigen Ruf „Kiliwau, Kiliwau" und „Tschei-ei-ei" der Eintageskaiser gekrönt und von sechsunddreißig Lakaien auf einer Riesensänfte herumgetragen wird. Das geht so schon eine ganze Weile, aber erst 1976 kamen die Majestäten auf die Idee, ihre Namen chinesisch zu verballhornen. So nannte sich ein Benedikt Spitzer etwas krampfhaft Spi-Be-Ny, ein Maler namens Georg Ma-Ler-Gi. Es folgten die Kaiser Gu-Ze-Pul, Ka-We-Son, Ma-Ya-Muc, Wang-Ton und schließlich Bo-Da-Wa-Schi. Er ist Friseur (bayrisch: Baderwaschl) und amtiert schon seit Jahren.

Und unter seiner Regierung kam es zu einer chinesischen Sternstunde: Er konnte einen echten Chinesen aus der Volksrepublik namens Weng Zhen Bao von der Agentur Hsinhua zum Mandarin erheben!

So sehr bürgerte sich der Spitzname ein, daß sogar ein Brief richtig ankam mit der Adresse: R.P. Adam Lux, O.F.M. China über Neumarkt/Opf.

Einmal, 1958, da ließ sich sogar die Bundesbahn von der allgemeinen China-Fröhlichkeit anstecken und malte groß CHINA-EXPRESS auf ihre Waggons.

Sieben Jahre später gab es überhaupt keine Eisenbahn mehr: Die Linie wurde wegen Unrentabilität eingestellt. An Stelle der Schienen führt heute ein Wander- und Fahrradweg, und so mancher Ausflügler überquert darauf den alten Ludwig-Donau-Main-Kanal, der damals durch eben die Eisenbahn, die es nicht mehr gibt, pleitegemacht wurde. (Am Ende war der Obstertrag von jenen Bäumen, die man am Kanal gepflanzt hatte, höher als die Kanaleinnahmen!)

Geradezu idyllisch wirken inzwischen die alten Schleusen mit ihren Schleusenwärterhäuseln (vgl. Kelheim). Bis vor kurzem als Wochenendhäuschen vermietet, dient jetzt eins als Büro für den dritten Anlauf zur Verwirklichung des

alten Menschheitstraums der Verbindung von Nordsee und Schwarzem Meer.
Statt der früheren zehn Schleusen das Ottmaringer Tal hinauf bis Beilngries wird eine riesige moderne entstehen. Das Modell davon ist in eben dem Schleusenhäusel zu besichtigen – und durchs Fenster kann man die riesigen Krane schon bei der Arbeit sehen. Und wer weiß, vielleicht ist er in ein paar Jahren fertig, der nächste Weg nach China – auf dem Wasser. Bis dahin wird noch viel davon die Altmühl hinab und aus dem lustigen Chinesenbrunnen vor dem Rathaus mit seinem Treppengiebel herauslaufen, und das Chinesenstädtchen wird in seinen breit hingelagerten, gelegentlich noch mit Legschiefer gedeckten Altmühlhäusern, seine Gäste aus dem deutschen Norden bewirten innerhalb der Mauern, die sie einmal hochgezogen haben, „um gegen die Räuberei des Adels, der vom Stegreif lebte, geschützt zu seyn." Da konnten in aller Eile die dazu nötigen Türme nicht phantasievoller ausfallen – und so sehen sie heut noch aus: alles in allem einer wie der andere. Was das Ortsbild anlangt, so ist es sicher reizvoller als es ein alter Bericht schildert:
„In der Folge siedelten sich mehrere Gewerbetreibende um die Kirche herum an. Sie erbauten ungefähr 35 Häuser, worunter 1 Gasthaus, 1 Schmiede, 3 Brauhäuser, 2 Bäckereien und 3 Kramläden. Nach vermehrter Menschenzahl wurde auch eine Schule auf Kosten der Gemeinde erbaut. Alle diese Häuser sind ohne Plan, Ordnung und Geschmack angelegt, was von dem hohen Alter ihres Ursprunges zeugt."
So alt aber, wie Aventinus meinte, ist Dietfurt sicherlich nicht: „Theodo, das ist Dietrich, der erste aus dem Stammen des Agiol Fingi gebürtig, hat durch die Altmühl yber die Donau einen Fuhrt gefunden, vnnd selbige Gegent ein Statt erpawt, die er von seinem Nahmmen, vnnd erfundnen Fuhrt Dietfurth genennet. Stirbt im Jahr Anno 538."

8435 Dietfurt, 5093 Einwohner, Auskunft 08464/240
Topographische Karte 1:50.000 „Naturpark Altmühltal, Blatt Ost".

Festivitäten: „Pfinstapredigt" in der Franziskanerklosterkirche, jeden Donnerstag-Nachmittag in der Fastenzeit. „Nach der Fastenpredigt teilt sich der Bühnenvorhang über dem Hochaltar und man erblickt eine bewegliche Christusfigur, die sich in tiefer Verzweiflung auf die Erde wirft, wobei sich ein großes Kreuz auf sie herniedersenkt. Während der Chor mit dem Lied einsetzt ‚Laßt die Engel zu ihm treten', erstrahlt plötzlich die Bühne in hellem Lichterschein, ein Engel schwebt auf einer Wolke hernieder, Kelch und Kreuz in den Händen haltend, und singt dem Herrn ein Trostlied. Die Christusfigur richtet sich auf und der Engel entschwebt wieder nach oben." (Bericht aus der Lokalpresse) Den Engel soll immer der bravste Bub der Stadt spielen – wenn er leicht ist und schön singen kann.

ENDORF
Fromme Uhr

Wer vor hat, einen Ort in der Gegend um den Simssee zu besuchen, der erkundige sich vorher genau. Zu leicht passiert es ihm sonst, daß er im verkehrten landet. Da gibt es sechs Stetten, fünf Öd, vier Straß, drei Haid und je zwei Weng, Leiten, Berg, Holzen. Sogar zwei Frühling! (Aber nur ein Fremdling.) Und zwei Stephanskirchen. Und wer „die größte Kunstuhr der Welt" besichtigen will, muß zum richtigen Stephanskirchen fahren. Nicht in dasjenige oberhalb vom Schloßsee, gleich nach Heinhof, östlich von Endorf, sondern jenes gleich östlich von Rosenheim auf dem Weg zum Simssee. Zu der Gemeinde gehört das Dorf Baierbach, und in Baierbach muß man rechts über die Bahn zum dazugehörigen Weiler Weinberg, und da liegt dann gleich rechterhand der „Gocklwirt".

Dieser Wirt kräht natürlich nicht selber; er läßt krähen. Maschinell. Maschinell geht es überhaupt zu rund um den Gocklwirt. Da stehen alte Dampfmaschinen, ein Quetschwerk, Motorräder, altes Gerät, das von der Sammelleidenschaft diverser Gocklwirte zeugt. Manches läßt sich durch Münzeinwurf in Gang setzen. Elektrisch. Aber unter einer Mark rührt sich nichts.

Und krähen läßt der Gocklwirt von der größten Kunstuhr der Welt in einem Nebenbau. Drei Meter hoch, fünf Meter breit und fünfundzwanzig Zentner schwer ist sie.

Ihre 470 Räder bewegen fünfzig Figuren. Eine davon schlägt die Minuten, eine andere die Viertelstunden. Die zeigt ein Genius an, worauf ein Lebensalter erscheint: Kind, Jüngling, Mann. Der gute Geist beschützt sie vor dem Tod, nicht aber den Greis vom vierten Viertel, dem damit sozusagen sein letztes Stünderl schlägt.

Früh und abends um dreiviertel sechs fällt beim Gebetläuten der Greis hurtig auf die Knie. (Daß jetzt die Drehorgel zu spielen beginnt – und ausgerechnet noch den Berliner Gassenhauer „Du bist verrückt mein Kind“ – scheint denn doch eine wesensfremde Einlage zu sein.)
Zweimal am Tag defilieren die zwölf Apostel an einem segnenden Christus vorbei. Jeder nickt mit dem Kopf, bloß der Judas nicht. Und beim Petrus kräht besagter Hahn dreimal, wie es im Buche steht.
Ebenfalls zweimal wechseln die vierzehn Stationen des Kreuzwegs. Jeden Tag erscheint eine heidnische Gottheit: Venus, Isis, Saturn, Mars, Donar, Freia und Merkur. Jeden Tag gehen Sonne, Mond und Sterne auf und unter, wobei der Trabant zu- oder abnimmt, und die Erde dreht sich einmal um sich selbst. (Daß sie ein nachträglich eingefügter Schulglobus ist, ist ein weiterer Stilbruch.)
Zwölfmal im Jahr erscheinen auf den Tag genau die Tierkreiszeichen und viermal die Jahreszeiten. In jeder Silvesternacht dreht sich die Jahreszahl auf den neuesten Stand, und alle vier Jahre rührt sich auch die Schaltjahresanzeige. Vier Uhren zeigen die Zeit in Berlin, München, Wien und Paris. Der Sekundenzeiger läuft rückwärts, was nördliche Besucher gern zu der Feststellung veranlaßt, in Bayern gingen die Uhren eben anders.
Ausgelegt ist die Kunstuhr bis zum Jahr 9999. Dann müßte, so meint die alte Beschreibung, ihr Mechanismus geändert werden. Das wäre also in achttausendundvierzehn Jahren. Gemessen an zünftigen Kunstuhren ist die von Stephanskirchen grobschlächtig – und deshalb auch zur „größten“ der Welt geraten. Ihr Erbauer war ja auch beileibe kein Uhrmacher. Der Greß Sepp (1854–1881) war ein Bauernbub aus Trosendorf bei Rötz in der Oberpfalz. Er hat Schlosser gelernt.
In sechs Jahren hat er sie erbaut, im Hof seines Bruders Johann Baptist; man sagt, er hätte sich dazu einmauern lassen. Schließlich hatte er die Uhr – und einen Haufen Schulden.

Um sie abzutragen, zeigte er das Kunstwerk auf Jahrmärkten: „Noch an keiner Kunst-Uhr hat ein Menschenauge gesehen, was Joseph Gress' Astronomisch genannte Kunst-Lebens-Uhr zeigt", vermeldet sein Plakat. Die Eintrittspreise: „1. Platz 30 Pf., 2. Platz 25 Pf., Stehplatz 20 Pf., Kinder u. Militär zahlen die Hälfte." Aber die Leute gingen lieber ins Panoptikum.
Auch daß er sich mit dem Mann mit dem längsten Bart der Welt zusammentat, half nichts. Als er nicht zahlen konnte, schlugen ihn seine Gläubiger halb tot. Ein halbes Jahr später starb er, siebenundzwanzigjährig, beim Bruder Michael in München. Dort ist auch sein Grab. Gewesen. Denn der Platz auf dem Alten Nördlichen Friedhof in Schwabing, Sektion 9, Reihe 2, Grab Nr. 18 ist ein leerer Fleck.

Im Dreieck Rosenheim-Wasserburg-Traunstein stößt man, und nur hier, alle daumenlang auf ungemein stattliche Bauernanwesen, die Giebelseiten stolz und die Flanken vielfenstrig, oft fünfzehn Fenster nebeneinander. Die Flöze sind eingewölbt und zimmerbreit. Hinter den stolzen Fenstern ganz oben aber liegen turnhallengroße Speicher. Diese Höfe, ja Hofburgen, sind vor zirka hundert Jahren von Italienern erbaut worden, Wanderarbeitern von den oberbayrischen Bahnstrecken, meist aus Friaul. Diese Italienerhöfe (warum nennt man sie bloß so verächtlich „Itaker"-Höfe?) erkennt man untrüglich an den zusätzlichen Halbstockfenstern unter dem Dach an den Traufseiten. Besonders schöne Beispiele stehen in Prutting, Natzing, Söllhuben, Dirnsberg, Antwort (Namen gibts!).

Und in Endorf gegenüber dem Volkstheater. Laut erhebe ich meine Stimme für diese Institution! Denn man spielte dort schon immer fromme Stücke für die eigenen Leute: „Elisabeth von Thüringen", „Die Jungfrau von Orleans", „Die Muttergotteslinde", „Rosa von Tannenburg", „Die Räuber auf Maria Kulm". Aus dem 18. Jahrhundert ist „Das Endorfer Spiel vom Jüngsten Gericht" überliefert:

Persohnen dises sPills:
1. Gott der Vatter; 2. christus; 3. Mutter Gottes; 4. Gerechtigkeit; 5. wahre christ; 6. der Engel; 7. Vnschult; 8. Sell; 9. leib; 10. Rensius; 11. Censius; 12. Einfalt; 13. Gebisen; 14. Luzifer; 15. Gelt teufl; 16. fleisch teufl; 17. Rach teufl; 18. Zohrn teufl; 19. Sindter; 20. thiran; 21. teufl als ein Jeger; 22. furie; 23. thämpor; 24. Eutle hoffnung; 25. der dot; 26. die belt; 27. das fleisch

Im vorigen Jahrhundert war „Der ägyptische Joseph" „ein mächtiges Zugstück, etwa 20mal gespielt, erstmals 1817". Aber auch noch 1907, 1921, 1936 und sogar noch 1950. Die Presse lobte: „Die lebenden Bilder sind so wunderschön, daß man unwillkürlich ganz entzückt werden muß. Das Spiel ist höchst anziehend, namentlich durch recht rührende, wie auch großartige, pompöse Szenen. Christi Geißelung, Krönung und Versöhnung, dann der Verkauf des egyptischen Josef, der Schmerz seines bis zum Tode betrübten Vaters, die Kerkerszene, entlocken so manchen Zuschauern wehmütige Thränen..."
Ein Auszug aus dem Stück mag das andeuten:
„Das zweite Bild zeigt den Kerker. Als Personen sind 3 Henker, 3 Pharisäer und 4 Wachen, als Requisiten ein Seil, Geißeln, und Ruten gefordert.

So ward von des Blutes Bronnen
Dein Gewand auch überronnen,
O mein Jesus sanft und rein!
Wilde Tiger ja zerfleischen
Deinen Leib, den ewig keuschen
In der Geißlung schwerer Pein."

Auch mit beliebten bayerischen Lustspielen („Privatier Wamperl") ist die Bühne niemals der Versuchung erlegen, für Touristen Bauerndeppen abzugeben (Vgl. Berchtesgaden, Band 2). In dieser Hinsicht ist das Theater ganz besonders zu empfehlen, und der hübsche Markt und aufstreben-

de Kurort mit starken Zuwachsraten sollte stolz darauf sein und bleiben.
Das umfängliche Kurviertel setzt sich deutlich vom Ortskern ab. Das Bad hilft bei allermodernsten Krankheiten (Herz, Hypertonie, Gelenke, Bandscheiben, Rheuma). Drunten bei Kurf (Namen gibts!) ist unter einem mächtigen Hydranten ein fast kochender Jodsee von der Größe des Simssees.
Er ist die stärkste Jodquelle Europas (mit 50 Milligramm Jodit pro Liter), auf unabsehbare Zeit den Heilungsuchenden erbötig. Dabei hat man in den frühen sechziger Jahren nach Erdöl gebohrt.

8207 Endorf, 4800 Einwohner, Auskunft 0 80 53/4 22
Topographische Karte 1:50 000 „Chiemsee und Umgebung".
Prien 8 km, Rosenheim 16 km, Wasserburg 20 km.

Quellen: Edgar Harvolk, Hans Heym, Wulf Petzoldt, Stefan Freundl.

ERBENDORF
Schiller aus der Oberpfalz

Aus einem fünfzehn Meter hohen Granitkamm des Steinwaldes wurde einst unter vollkommener Ausnutzung der Gegebenheiten in eine Gruppe natürlicher Felstürme die Burg Weißenstein hineingebaut. Sie ist längst Ruine und ihrer artistischen Lage wegen ein landschaftlicher Glanzpunkt. Ein Turmstumpf steht noch. Der Eingang ist laternenhoch über dem Boden; Türfalz und Laufkanal für den Balkenriegel erkennt man immer noch.
Hier residierte das mächtige Geschlecht der Nothafft, die so hießen, weil sie für die ewige Geldnot ihrer königlichen Freunde gehaftet haben sollen. Ein Vorfahre wäre, so erzählt man, Zeuge des Todes Jesu Christi gewesen und habe in der Verwirrung der Finsternis den Hammer an sich genommen, mit dem der Herr ans Kreuz geschlagen wurde. Mit diesem sagenhaften Hammer seien viele Heldentaten verrichtet worden, und Steinhauer sagen, wenn sich ein Granitblock nicht sprengen lassen will:

> Geht er nicht, es ist ein Jammer,
> Holts im Schloß dem Herrn sein Hammer.

Das Schloß mit dem Herrn sein Hammer, ist es Thumsenreuth, Reuth oder Friedenfels? Nun, letzteres hat den Hammer im Wappen. Thumsenreuth, Reuth (Geburtsort des berühmten Großkaufmanns Josef Witt [1884–1954] Inhaber des größten Spezialversandhauses Europas in den dreißiger Jahren [Witt-Weiden]) und Friedenfels entbehren heute noch nicht eines noblen Anstriches. Angeblich spukt die Weiße Frau in ihren Schlössern. Das Geschlecht der Nothafft soll sagenhaft reich gewesen sein. Ihre Mühlen, die an der Naab und Donau hinunterreichten bis nach Wien, „rei-

ben Geld und alle Stunden tragen ihre Güter einen Dukaten.“ Ihre Jagdgerechtsame reichten so weit, „daß sie noch einen Birkhahn von der Stadtmauer in Eger herunterschießen durften“. Ihre Vertrautheit mit den Wittelsbachern brachte sie in eine makabre Situation:
„So nun einmal ein Herzog zu ihnen gen Weißenstein geritten kam und sein Leid klagte, daß der Erbprinz eine Bürgerliche geheiratet habe, ohne seines Vaters Wissen, sagten die Notthaffte, sie wollen den Prozeß gegen die Herzogin anstrengen und durchführen und auch, wenn nötig, als Henker Dienste tun. Also geschah es auch und sie stürzten ungerechterweise des Erzprinzen Gemahlin als Hexe in ein großes Wasser, wo sie elendiglich ertrank. Deshalb haben die Notthaffte einen schwarzen Mantel mit einem roten Herzen auf der Brust sowie einen Strick um den Hals als Tracht verliehen erhalten und mußten hinfüro mit schwarzem Siegel und Wappen erscheinen.“
Zwar ist verbürgt, daß der Erbhofmeister von Degenberg der Gerichtsverhandlung vorstand (vgl. Straubing), aber auch in der Münchener Stadtrechnung von 1435 steht:

„1435 kam Herzog Ernst von München nach Kelheim, um sich mit Herzog Heinrich von Landshut und seinen Herren zu beraten von der Bernauerin wegen. Hierbei war jedenfalls auch anwesend jener Nothaft, Herr von Affeking, welcher die Hinrichtung der Bernauerin leitete; von dieser Zeit ab war er und alle Nachkommen verpflichtet nur mehr schwarz zu siegeln.“

Von der Bevölkerung weiß man, wie anderswo auch, weniger. Sie sei „von gesundem Schlag und kräftigen Anlagen seit Jahrhunderten auf sich selber angewiesen und führe ein kümmerliches Dasein, in dem ein Zustand der Verdrossenheit herrsche, der sich in freien Stunden mit Vorliebe in Raufereien Luft mache“.
Und akkurat Friedenfels, das seinen Namen zwei Nothafftbrüdern verdankt, die an einem Felsen nach langer Fehde

Frieden schlossen, und das zu den ärmsten Gegenden der Oberpfalz zählte, hat mit einer riesigen Gastronomie einen entschlossenen Schritt in die Neuzeit getan. An die zweihundertfünfzig Fenster hat sie, zwanzig Mann Küchenpersonal stehen für ein Publikum bereit, das auf vierhundertsechzig Stühlen Platz nehmen und das auf einer, ob ihrer Größe in ganz Norddeutschland berühmten Speisenkarte unter zweihundertachtundneunzig Gerichten wählen kann. Ja, was zieht denn die Leute so massenhaft in diese Gegend? Die Natur. Der Steigerwald, die letzte Bastion des Fichtelgebirges, dessen südöstlicher Ausläufer er auch genannt werden könnte, bietet auf relativ kleinem Raum sensationelle, auch von älteren Semestern noch zu erklimmende Felsgebilde. Die wollsackförmigen Blöcke tragen einprägsame Namen: Riesenschlüssel, Hohes Saubad, Zipfeltanne, Kibitzstein, Katzentrögl, Vogelfelsen, Leiterfelsen, Huberfelsen.
Und im Steinwald drinnen haust, wie im Untersberg und Kyffhäuser, ein König, dessen Bart schon zweimal um den steinernen Tisch vor ihm gewachsen ist. Wächst er nochmal herum, dann kommt er heraus, der König, dessen Namen niemand weiß.
Nach Süden zu läuft das Uraltgebirge über Schönfuß, Schmierofen und Kühlenmorgen zur Fichtelnaab hin aus, so wie es Goethe seinen Faust sagen läßt:

Als die Natur sich in sich selbst gegründet,
Da hat sie rein den Erdball abgeründet,
Der Gipfel sich, der Schluchten sich erfreut.
Und Fels an Fels und Berg an Berg gereiht,
Die Hügel dann bequem hinabgebildet
Mit sanftem Zug sie in das Tal gemildet.

Und da liegt dann Erbendorf, inmitten einer der geologisch und mineralogisch merkwürdigsten Gegenden Deutschlands, einem Eldorado der Steinsammler. Früher wurde hier Gold gewaschen. Die Schätze der Erde traten zutage, wobei aus ein und demselben Bergwerk gleichzeitig Silber, Blei, Kupfer, Zink und Steinkohle gefördert wurde, was in ganz Europa einmalig ist.

An der „goldenen Straße“ Nürnberg-Eger gelegen, gehörte es zum Neuböhmen Karls IV. (1316–1378). Die „gefreite Bergstadt“ besuchte König Wenzel (1361–1419), und wenn die Sage recht hat, gebar ihm hier seine Gemahlin einen Prinzen. Wegen dieses Erben soll der Ort so heißen. Weshalb der Gasthof des Geschehens vor seiner erbärmlichen Renovierung auch stolz einen Goldenen Adler im Bierzeigel hatte.

Keine Sage aber ist es, daß Friedrich Schiller (1759–1805) mütterlicherseits von Erbendorf stammt. In Rufweite von der bunten Mariensäule auf dem wendischen Marktplatz stand das Haus, aus dem sein Vorfahre ins schwäbische Ausland floh, nachdem er durch unvorsichtiges Hantieren den großen Brand von 1596 verschuldet hatte. Wem käme da nicht sogleich das zweihundertvier Jahre später entstandene „Lied von der Glocke“ seines Alturenkels in den Sinn?

Rot wie Blut
Ist der Himmel,
Das ist nicht des Tages Glut!
Welch Getümmel
Straßen auf!
Dampf wallt auf!
Flackernd steigt die Feuersäule,
Durch der Straßen lange Zeile
Wächst es fort in Windeseile,
Kochend wie aus Ofens Rachen
Glühn die Lüfte, Balken krachen,
Pfosten stürzen, Fenster klirren,
Kinder jammern, Mütter irren,
Tiere wimmern
Unter Trümmern,
Alles rennet, rettet, flüchtet,
Taghell ist die Nacht gelichtet.

Wie wenn er dabeigewesen wäre! Als er dies 1800 schrieb, hatte Schiller weder eine Ahnung von einem Ahnen na-

mens Matthäus Urschalk noch von dessen Tat, ohne die er wohl daheim in der Oberpfalz geblieben wäre.
Schiller ein Oberpfälzer? Nun, ein bißl einer ist er jedenfalls. Ebenso wie der Komponist Christoph Willibald Ritter von Gluck (1714–1787). Über seine Urgroßmutter, die Nagelschmiedstochter Anna Maria Köthnat. Aus Erbendorf. Dies und vieles anderes mehr oder minder Sensationelle breitet Wilhelm Gollwitzer in der über 400 Seiten starken Neubearbeitung der „Geschichte der Stadt Erbendorf" aus. Auch daß die Stadt, 1909 mit sechseinhalb Kilometern Nebengleis an die Eisenbahnfernstrecke München-Berlin von Reuth her angeschlossen, zwei nur tausend Meter auseinander gelegene Bahnhöfe besitzt, nicht aber die Story dazu, über die sich damals ganz Deutschland amüsierte. Gegen den offiziellen Bahnhof im Norden opponierte ein Konsortium, das schließlich einen eigenen Bahnhof erstritt. Seitdem wurde jedermann, der, wo auch immer, eine Fahrkarte nach Erbendorf verlangte, vom Schalterbeamten gefragt: „Nord oder Süd?" Durch das Städtel lief eine unsichtbare Mauer. Ein am falschen Bahnhof ausgestiegener Vertreter bekam keinen Auftrag. Die Buben rauften: Norderer gegen Süderer. Da kriegte Erbendorfer einen neuen Pfarrer. Wo würde er aussteigen? Er kam mit dem Auto.

8488 Erbendorf, 4 900 Einwohner, Auskunft 0 96 82/23 27
Topographische Karte 1:50 000 L 6138 Erbendorf.
Kemnath 14 km, Weiden 24 km.

Quellen: Ursula Pfistermeister, August Sieghardt, Josef Höser, Johann B. Lehner, Josef Zeitler, Anneliese Forster.

ERLANGEN

Denkmal mit Loch

König Ludwig I. (1786–1868) befahl den technisch unnötigen aber ersten bayerischen Eisenbahntunnel, um dem seinerzeitigen Verkehr in dem unmittelbaren Nebeneinander von Straße, Kanal und Eisenbahn ein Denkmal zu setzen. In dem Wettlauf zwischen den drei Konkurrenten siegte – zunächst – die Lokomotive über das Schiff.
Die Regierung in München nannte den königlich privilegierten Kanal nur noch „bayerisches Schmerzenskind", denn den Einnahmen aus der Schiffahrt standen doppelt so hohe Kosten für den Unterhalt des Kanals gegenüber. Den Aktionären, die keine Gewinne erzielten, wurde empfohlen, sich „mit dem Bewußtsein zu trösten, zur Ausführung eines Werkes beigetragen zu haben, dessen Beginn und Vollendung die Menschheit eines Jahrtausends in der Jugend hoffte und im Alter sehnsüchtig wünschte."
Über den Sieger Eisenbahn triumphierte schließlich das Automobil: Auf der Autobahn, die an die Stelle des Kanals getreten ist, braust der moderne Verkehr. Kaum jemand wirft einen Blick auf das Kanaldenkmal unmittelbar am Zusammenfluß von Regnitz und Schwabach, auf dem zu lesen wäre:

DONAU UND MAIN
FUER DIE SCHIFF-FAHRT VERBUNDEN
EIN WERK VON CARL DEM GROSSEN VERSUCHT
DURCH LUDWIG I. KOENIG VON BAYERN
NEU BEGONNEN UND VOLLENDET
MDCCCXLVI

Ein Jahr früher, 1845, fuhr hier das erste Schiff von Amster-

dam nach Wien vorbei. Es brauchte für die ganze Strecke vierunddreißig Tage.
Die Autobahn braust auch unmittelbar neben dem Altstädter Friedhof mit seinen viel privateren Denkmälern, darunter der höchst bemerkenswerte Jugendstil-Grabstein der Familie Schwarz.
Dann wird's die Schwabach und den Burgberg entlang still, und der alte Park am südlichen Hang birgt ein Denkmal von ganz anderer Art. Das eines Einheimischen nämlich: Heinrich Kirchner (1902–1984), der als Bub von zu Hause ausriß, um Bildhauer zu werden und es bis zum Professor an der Münchener Akademie brachte.
Hier steht ein großer Teil seines immer strenger gewordenen Spätwerkes, fünfzehn riesige, zeichenhaft konzipierte Symbolgestalten, die die geistige Haltung und religiöse Überzeugung des Bildhauers manifestieren. Sie standen vordem in Pavolding (vgl. Seeon, Band 1), wo der alte Meister wohnte, den nun die Heimatstadt seit seinem 80. Geburtstag mit diesem eindrucksvollen Skulpturenpark ehrt. Die Erlanger freilich sagen, da würden die Figuren schon hinpassen, dort sieht sie keiner.
Allerdings vermag nicht jeder etwas anzufangen mit diesen störrischen Ausrufezeichen, die allesamt Träger humaner Botschaften sind. Vielleicht sagen diese den Erlangern besser zu:

Bote singt laut das Lied
von Liebe und Freundschaft
und Freiheit

Die Sprüche sind den Gestalten buchstäblich auf den Leib geschrieben. Man braucht sie nur abzulesen:

Im Aufgang des Lichts sah ich
eine weise Gestalt, die redete:
Pfleget die Erde!
Haltet rein die Meere!
Schonet den Baum.

Und wer eine Gebrauchsanweisung benötigt, der lese:

Bildhauerformen sind
Raumabgrenzungen mit einer
suggestiven Ausstrahlung.

Verachtet mir *den* Meister nicht! Auch wenn seine Botschaften nicht immer leicht verdaulich sind:

Anrufung und Begegnung
mit dem alles neuerschaffenden Geist
Aus Niedrigkeiten
erschaffts Du Blüten.

In die Stadt hinein führen Radfahrwege, ja die ganze Umgebung und die Stadt selber sind von einem dichten Wegenetz für die Pedalritter überzogen, denn Erlangen ist ein wahres Eldorado für Drahteselreiter, übrigens die erste Stadt Deutschlands, die den Radfahrern, freilich nur einmal als Modellversuch, grundsätzlich Vorfahrt einräumt: Eine Aufpflasterung an der Ecke Siemens-Vogel-Straße macht die Motorisierten auf die ungewöhnliche Regelung aufmerksam. Und im Herbst steht sogar vor dem Rathaus ein Zelt mit einem regulären TÜV für Fahrräder, bei dem Überwachung und kleine Reparaturen keinen Pfennig kosten! Das Verkehrsamt hält für Strampolinfahrer eine erstklassige Karte „Radwege in Erlangen“ (1:25 000) bereit und fünf Falzprospekte („Grün in Erlangen“), nach denen man all die vielen Sehenswürdigkeiten dieser Stadt detailliert aufgeschlüsselt serviert bekommt. Also radeln wir noch ein paar Denkmäler ab!
Da wäre der Hugenottenbrunnen, von dem Karl Julius Weber (1767–1832) meinte: „Das Bassin mit seinem Berg voll grotesker Figuren in altfranzösischer Tracht, in deren offene Mäuler und Hände der oben stehende Markgraf in großer Allongeperücke, umgeben von mehreren mythologischen Personen, Wasser gießt, mag zum Andenken bleiben.“

Das Denkmal hat ein Loch. Und durch dies sieht man in der Ferne, wieder nach Weber, „die erbärmliche Reiterstatue des Markgrafen“, die er sich samt „den Sklaven zu seinen Füßen zu Ehren des Geschmacks hinwegwünscht“. Über diesen Markgrafen hat sich wegen dessen Standbild in Bayreuth noch früher schon ein anderer gescheiter Reisender alteriert (siehe Bayreuth, Band 2).

Enthüllung des Kanaldenkmals

Aber dieser Christian Ernst (1644–1712) hat schließlich den vertriebenen Hugenotten in seinen Städten eine neue Heimat gegeben. Nicht ganz uneigennützig, denn die tüchtigen Franzosen brachten ihm Geld in seine ewig leere Kasse. Als Handwerker und Fabrikanten gaben sie der Stadt einen entscheidenden wirtschaftlichen Auftrieb. Um den Hugenottenplatz und seinen, dem „Temple neuf“ in Montauban nachgebauten „Französisch reformierten Tempel“ entstand nach Reißbrettplanung Neu-Erlang, die Stadt der Refugiés, in „freundlicher Langeweile, in der es sich wohl leben ließ". Nicht unbedingt für alle. Friedrich Rückert (1788–1866) verdiente hier als Professor für Orientalistik nur ein Drittel so viel wie vorher in Berlin. Obwohl er in seinem Unmut „das ganze Lumpennest" verwünschte, errichtete ihm dieses, wenn auch erst 1906, ein Denkmal in Form eines Brunnens im Schloßgarten.

Daß dem leidenschaftlichen Gebrauchsreimer (vgl. Schweinfurt, Band 2) kein Wortspiel zu Erlangen eingefallen wäre, wäre ein Wunder gewesen, sagt doch schon das Volk zu einem, der dort Theologie studiert, er ginge nach Erlangen, um das Himmelreich zu erlangen. Wie da nicht Friedrich Rückert:

Suchen und Erlangen

Was du ernstlich suchst, wirst du erlangen,
Spater wirst du's, wenn nicht fruh, erlangen.
Teile nur den langen Weg! Du kannst ein
Kleines Ziel in jedem Nu erlangen.
Kannst bei jedem Wetter es mit staub'gem
Oder mit beschmutztem Schuh erlangen.
Selbst auf unbequemem Musensitze
Konnt' ich Muß' und Musenruh' erlangen.
Zu erlangen wußt' ich selbst im Sande
Mir ein grünes Gärtchen zu Erlangen.

Zusammen mit seinem Kollegen, dem Mathematiker und Astronomen Wilhelm Pfaff (1774–1835), übersetzte Rükkert die indische Dichtung „Nal und Damajanti" ins Deutsche. Um zu sparen, schrieben sie das Sanskritlexikon handschriftlich ab und benutzten die Kopie wechselweise. Pfaff lebte mit Frau und acht Kindern ungemein beengt. Ein eigenes Arbeitszimmer hatte er nicht. Drum zog er um seinen Schreibtisch einen Kreidekreis, den die Familie zu respektieren hatte: Betreten verboten! Und es störte ihn nicht im mindesten, wenn die Kinder im übrigen Teil des Zimmers herumtobten.

Kärglich und sparsam lebten also die Professoren der berühmten Erlanger Universität, die 1734 Friedrich (1711–1763), der unbedeutende Markgraf und Gemahl der genialen Wilhelmine, gründete. Erster Universitätsdirektor wurde der Holländer Daniel de Superville (1696–1773), der Leibarzt der Markgräfin, der ihren Vater, den preußischen König Friedrich Wilhelm I. (1688–1740), von der Wassersucht heilte.

Erster Professor für Geschichte war Johann Gottfried Groß (1703–1768). Als sich der Theologe weigerte, ohne Entgelt zu predigen, feuerte man ihn. Er gründete die „Erlanger Realzeitung", die in ganz Europa, in Amerika und sogar im Fernen Osten bekannt wurde und ihn als ersten Berufsjournalisten der Welt berühmt machte. Seine zeitkritischen Artikel erzürnten Kaiser und Könige (Karl VI. und Friedrich den Großen).

Die Bürgerschaft mochte die Universität nicht. Wegen der Überheblichkeit der Studenten, für die Handwerker und Kaufleute nur „Knoten" und „Philister" waren. Die Handwerksgesellen rächten sich: Sie äfften studentische Bräuche nach und zogen sich sogar mit dem Rasiermesser Schmisse in die Backen. Raufereien waren an der Tagesordnung.

War es die gespannte Atmosphäre, die den Dichter Johann Gottfried Herder (1744–1803) solches über Erlangen schreiben ließ? „Den Eindruck kann ich nicht beschreiben: so kleinlich, armselig, und was die Universität sogleich aus einer Stadt an Menschen und Tieren für ein abscheuliches Ding macht."

Ludwig Thoma (1867–1921) studierte in Erlangen. „Weils da leichter hergeht", meinte er, das Jura-Examen nämlich. (Tatsächlich spottete man im vorigen Jahrhundert, am Bahnhof werde ausgerufen: „Erlangen, alles aussteigen, kurzer Aufenthalt zum Promovieren!")

Thoma, der anderwärts aus einer Schlagenden Verbindung wegen „Kneifens" ausgeschlossen wurde (siehe Aschaffenburg, Band 1), galt hier als Haudegen, der „mit voller Wucht seines massigen Körpers, mit ewig gleichmäßigem, stummem Gesichtsausdruck dreinschlug". Einen Kontrahenten soll er bei einer Mensur auf einer Studentenbude nach wenigen Gängen „abgestochen" haben. Ob er jemals im Karzer war? Der wurde 1980 von der Universität renoviert und kann besichtigt werden (Gastwirtschaft „Karzer", Ecke Wasserturm-/Apfelstraße).

Vor Thoma studierte hier der Dichter August Graf von Platen (1796–1833) und machte auch Jean Paul (1763–1825) Station. Ein Namensvetter (er schrieb sich ja Richter) promovierte zum Doktor der Medizin und ließ sich als Arzt nieder. Dieser Adam Michael Friedrich Richter (1812–1878) war als schrulliger Kauz in aller Munde, denn er hielt seine Sprechstunden früh von 5 bis 9 Uhr, um Zeit für seine Erfindungen zu haben. Zwei seiner unrealisierbaren Ideen: Abschaffung der Reiterei, dafür Ausrüstung der Truppen mit Rollschuhen, und Bohren eines Tunnels durch die Erde, um trockenen Fußes von Erlangen nach Australien gelangen zu können. Richter starb völlig mittellos im Armenhaus.

Skurril war auch der Leiter des Zoologischen Instituts, Albert Fleischmann (1862–1942), der sich nebenberuflich als fanatischer Sprachreiniger betätigte. Er wollte etwa für Toilette unbedingt das schöne deutsche Wort „Abtritt" erhalten wissen und nannte das Mikroskop „Kleinseher". Als er einen Bibliothekar mit „Bücherer" betitelte, revanchierte sich der und nannte den Zoologen „Viecherer".

„Der hiesige Schlossermeister Ohm faßte noch in seinen späteren Jahren den rühmlichen Entschluß, Mathematik zu studieren und sich hierzu neben der ununterbrochenen Betreibung seines Metiers die nötigen Stunden durch kärgliche Einteilung seiner Zeit und durch fast gänzliche Verzichtleistung auf Erholungsstunden gleichsam zu stehlen. Neben seiner Wißbegierde hatte er zugleich den edlen, seinem Vaterherzen unendlich Ehre bringenden Zweck, seine beiden Söhne selbst in Mathematik zu unterrichten.

Dieses alles ist ihm bis zur Bewunderung gelungen, wovon ich mich durch die mit seinem 15jährigen Sohn Georg Simon Ohm angestellten Prüfung überzeugt habe."
Dies schrieb der Professor für Mathematik Karl Christian von Langsdorf. Den gelehrigen Schüler eines gelehrigen Vaters kennt jeder Gymnasiast, weil nach ihm der elektrische Widerstand gemessen wird: Ein Ohm $= 1\,\Omega =$ derjenige elektrische Widerstand, den ein konstanter elektrischer Strom durch eine Quecksilbersäule der Masse 14,4521 g von konstantem Querschnitt und der Länge 106,300 cm bei der Temperatur des schmelzenden Eises erfährt, oder kürzer: $1\,\Omega = 1\,m^2kg/(s^3A^2)$. So etwas weiß man.
Was man gemeinhin nicht weiß, ist, daß sich Ohm (1789–1854) auch mit akustischen Problemen beschäftigte, weshalb es auch ein Ohmsches Gesetz der Akustik gibt und ein Buch „Über die Definition des Tones und der Theorie der Sirene und ähnlicher tonbildender Vorrichtungen."

8520 Erlangen, 100 000 Einwohner, Auskunft 09131/25074
Karte: Stadtplan (beim Verkehrsamt im Rathaus)
Sehenswert: Schloß, Schloßgarten, Orangerie, Hugenottenbrunnen, Markgrafentheater, Palais Sutterheim, Altstädter Rathaus (Stadtmuseum), Reformierte Kirche (Barockorgel), Dreifaltigkeitskirche, Sparschleusen am Main-Donau-Kanal, Wasserschöpfräder an der Rednitz (nur im Sommer).
Festivitäten: Das größte Gartenfest Deutschlands, das Sommerfest der Universität im Juni vor Semesterschluß. – Die Bergkirchweih zu Pfingsten.
Persönliche Empfehlung: Essen in der „Oppelei", Halbmondstraße 4.
Nürnberg 18 km, Bamberg 40 km.

Quellen: Hans König, Karl Bosl, Hubert Neumann.

FORCHHEIM

Pilatus war Bayer?

Irgendwo um die ehrwürdige karolingische Kaiserpfalz von Forchheim (Foroccheim, Vorchelem, Forachheim, Forchaim, Vorchheim) herum soll noch 1867 auf einem Stein der Festungsmauer gestanden haben:

Forchemii natus
Pontius ille Pilatus
Teutonicae gentis
Crucifixor omnipotentis

(Zu Forchheim ist geboren jener Pontius Pilatus aus deutschem Geschlecht, der Kreuziger des Allmächtigen.)

Daß der Römische Landpfleger ins Credo kam, mag noch hingehen; wie aber kam er nach Forchheim?
Die Forchheimer reagieren, darauf angesprochen, sauer. Da stößt ihnen jahrhundertealter Spott auf. Dazu Eugen Skasa-Weiß, der Franke:
„Weil daran einiges übertrieben ist und weil der Lokalstolz auf so einen wie Pilatus in diesem gottgefälligen Wallfahrer-, Annafest- und Felsenkellerwinkel eine Kopfnuß verdient, müssen die Forchheimer aus den Nestern der Uzer von Ebermannstadt, Pretzfeld und Kirchehrenbach oft Unleidliches einstecken. Denn uzen und sich uzen lassen gehört zum Hintersinn der fränkischen Lebensfreude. Wird es den Forchheimern zu viel, so beendet der Pontius das Gespräch:

Der Götz-vo-Berlichinga-Gruß
der haaßt in Forchem Pontius."

Sonst aber tun sie die Sache einfach weit weg: Nein, nein, das war gar nicht in Forchheim! Draußen in Hausen soll das gewesen sein. Aber weit weg ist Hausen nicht. Das Dorf liegt einen Katzensprung südwestlich am neuen Main-Donau-Kanal, dort wo er die Regnitz aufnimmt.

Hausen: Geburtsort des Pilatus?

Und dort, im modernen Gemeindezentrum, ist man der Sage nicht mehr so abhold: Ja, freilich ist der hier geboren. Seine Mutter hat Pila, der Vater Ato geheißen. Daher der Name. Sein Geburtshaus ist Hauptstraße 8 oder 9. So genau weiß man das natürlich nicht mehr. Am Haus Nr. 8 hängt ein sehr großes Kruzifix, vor Nr. 9, schräg gegenüber, „fällt Jesus unter dem Kreuze". Das ist schon recht verblüffend, zumal es im Dorf die einzigen zwei Häuser mit Darstellungen des Pilatus-Delinquenten sind.
Eine Stadt soll der Pontius Pilatus hier irgendwo erbaut haben. Die sei im Augenblick des Urteilsspruches von Jerusalem in die Erde versunken. Vielleicht war das draußen, wo eine ausgedehnte Flur nach Purk zu heut noch „Pilodes" heißt. Und wenn Hausen einmal so weit hinauswachse,

dann würde ein Hahn die Turmspitze der Stadt ausscharren, meint die Legende.
Ist sie denn schon bis dort hinausgewachsen? Nein. Nur eine Hühnerfarm ist dort. Hühnerfarm!? Nichts wie hin!
Die Hühnerfarm ist nicht mehr in Betrieb. Die hat eine Baustoffirma übernommen. Gleich daneben – jetzt wird es noch verrückter! – baggert sie Sand. Und da steht er denn auch, der scharrende Gockel, ein Riesen-Bagger. Der hat zwar nicht eben die Turmspitze, aber antikes Geschirr ausgescharrt. (In einer Vitrine im Rathaus ist es zu sehen.) Und was macht die Firma mit dem Sand? Die fündige Legende schlägt nochmals zu: Die langen Stapel auf dem Lagerplatz bestehen aus Dachziegeln! Die Firma nennt sie – „Braas Römer Pfannen“!
Ein naheliegender Reklame-Einfall? Ach woher! Niemand in der Firma hat von alledem auch nur die geringste Ahnung!
So, und jetzt setz ich noch eins drauf: In der Legende ist die Rede von einem großen Weinen, das über die Menschen kommen wird. In der Gegend baut man Kren an. Meerrettich. Die tränentreibende Wurzel verarbeitete man bis vor Kurzem mit Gasmasken. Inzwischen hat man Absauganlagen eingebaut. In Forchheim hat man früher sogar eine „Reliquie“ des Pilatus gezeigt: seine rote Hose. (Der Markgraf Albrecht Alcibiades sprach 1553 allerdings von einem roten Hut.)
Weder das eine noch das andere trägt Pilatus auf dem in jeder katholischen Kirche des Erdkreises befindlichen „Kreuzweg“; „1. Station: Jesus wird zum Tode verurteilt.“ Als Römer ist er barhaupt und trägt die Toga. Auch in der Pfarrkirche St. Martin, vor der ein zweieinhalb Meter großer Erbärmdechristus steht, „Unseres Herrgotts Läng“ genannt. Drinnen kann man fünf Zunftleuchter aus dem 17. Jahrhundert bewundern. (Müller, Zimmerer, Metzger, Büttner, Bäcker). Ein sechster ist im Moskauer Kreml. Kein Mensch weiß, wie er dort hingekommen ist.

Der Besuch des Markgrafen Alcibiades war übrigens gar nicht so harmlos. Die Forchheimer mußten feststellen, daß gegen so eine Visite mit Kanonenbegleitung weder Mauern noch Türme halfen. Drum mußten Bastionen her, Kurtinen, Kavernen, Kasematten. Ihren trutzigen Stolz dokumentiert die wehrhafte Anlage (ein Besuch in den Kasematten ist von schauriger Monumentalität) im Nürnberger Tor. Es ist die Nachbildung des Portals der Veste Coburg, das wiederum eine Kopie der Porta Nuova von Verona ist.
Diese Festung hielt sogar den Schweden stand, weswegen die durchwegs in Fachwerk errichtete Stadt den Dreißigjährigen Krieg schadlos überstand.
Allerdings empfand man danach die Häuser als unmodern. Wer auf sich hielt, der baute sich sein Haus von Grund auf aus Stein (Hauptstraße 2). Weil dies nicht billig war, blendeten andere ihrem Fachwerkhaus eine Steinfassade vor. Wer genau hinschaut, sieht noch die alten Fachwerkzwickel an der Seitenmauer (Tengelmann am Marktplatz). Am billigsten war es jedoch, das Fachwerk einfach zuzuputzen: So entstand der Eindruck eines Steinhauses wenigstens annähernd.
Der Charme des Fachwerks wurde erst in unserer Zeit wiederentdeckt, und heute versteht niemand mehr, daß das einzigartige Ensemble um das herrliche Rathaus einmal zugeputzt war.
Das Haus Nr. 10 in der Hauptstraße hält die Erinnerung an den Königlich Bayerischen Musikdirigenten Karl Karl (1830–1898) wach, der hier geboren wurde. Er hat den bekannten und beliebten „Musinan-Marsch“ komponiert. Dieser ertönt natürlich alle Jahre wieder am St. Annafest zur „Kerwa“ im Kellerwald. Der hat sogar eine historische Reminiszenz: Bei der erwähnten Belagerung im Dreißigjährigen Krieg soll dem dort biertrinkenden Generalissimus Bernhard von Weimar eine Kanonenkugel den Krug aus der Hand geschossen haben. Dieser, wie Eugen Skasa-Weiß schrieb, „von Bierkellern durchbrummte Kellerwald“

ist eine ebenso fränkische Spezialität wie das Frühlingsfest auf dem „Walberla“ (4 km östlich), das jeder Franke kennt.

Doch noch einmal zurück nach Hausen. Das unscheinbare Dorf hat es nämlich in sich. Dort standen schon einmal vierunddreißig jener gewaltigen Wasserschöpfräder, von denen sich nur noch eins, nachträglich erworben, in der Regnitz dreht. Ein Modell steht im Rathaus. Dort bewahrt man noch eine andere Hausener Spezialität auf: handgeschriebene und bemalte Gebetbücher. In den Familien hatte man zwischen 1750 und 1860 immer eine Anzahl farbiger Tinten bereit und am Sonntag nachmittag kamen Männer und Burschen zusammen, um sich einzelne Gebete, Litaneien, Kreuzwegandachten möglichst schön und bunt zusammenzuschreiben. Eins davon heißt:

Geistliches Paradiesgärtlein oder
Katholisches Gebetbuch voller
schöner, lieblicher, wohlriechender
Blümelein Andächtiger Gebether
Allen frommen Gottliebenden
Christen zum Trost.

Um etwa die gleiche Zeit führte ein Josef Adam Heilmann achtzehn Jahre lang ein wundersames Tagebuch:

„Den 25 October 1840 Hat in OberHerolsbach eine Kuh eine Kröt kat. das Krötz auf 1/2 Zentner geschetz die Kuh müsen sie Schlagen.
Den 1.ten Februar 1841 da hat der Elisabetha Starkin von Hausen ihr Kuh einen Löwen kat.
Den 30 May zu Nachts 1843 ta haben die Adelstorfer Schinder 2 Weibs Bersohn aus Hath die Köpf abgeschnieden.
Der Michael Kraus ist den 19. August 1846 nach Nord-Amerika gewandert mit 7 Kinder.“
Den „Lotterie-Ofen“ gibt es leider nicht mehr. Seine Story: 1853 träumte ein alter, blinder Mann von bestimmten Zahlen. Er erzählte im Wirtshaus davon, worauf er einige Kreu-

zer, der Wirt aber einen halben Gulden in der Lotterie setzte. Der Mann gewann 900 Gulden. Der Wirt 9000. Der baute sich ein neues Haus und gab einen Ofen in Auftrag. Auf den buntbemalten Kacheln standen alle neunzig Losnummern, die vier Gewinnzahlen besonders hervorgehoben, und eine Inschrift: „Andenken an der königlichen Zahlenlotterie." Mit der Orthographie hat es der Hafner nicht so genau genommen.

8550 Forchheim, 29 000 Einwohner, Auskunft: 09191/84217
Topographische Karte 1:50 000 L 6332 Forchheim.
Sehenswert: Stadtbild, Kaiserpfalz (Heimatmuseum), Rathaus, Martinskirche, Schloß Jägersburg.
Bamberg 25 km, Nürnberg 33 km.

Quellen: Johanna Schulz, Alexander Schöppner, Engelbert Wagner, Konrad Kupfer.

FREISING

Mit fünfzehn Jahren Bischof

Arbeo, Bischof von Freising (723–783) berichtet in der Vita Haimhrammi, dem ältesten Werk bayerischer Literatur, vom Martyrium des heiligen Emmeram († zwischen 685 und 715), einem recht seltsamen Kriminalfall: Vom angilolfingischen Herzog Theodo (†717) nach Regensburg gerufen, um den „Aberglauben auszurotten", was er drei Jahre lang erfolgreich tut, beschließt der Wanderbischof eine Romreise. Kaum fort, gibt ihn die Herzogstochter Uta als den Vater ihres zu erwartenden Kindes an. Fälschlicherweise, jedoch auf seinen eigenen Rat, wie Arbeo berichtet. Utas Bruder Lambert verfolgt den Heiligen, stellt ihn in der Nähe von Aibling, ruft höhnisch „Sei gegrüßt, Bischof und Schwager!" und läßt ihn, auf eine Leiter gebunden, entmannen und verstümmeln. (Was man in Lebensgröße in der Kapelle von Kleinhelfendorf bestaunen kann.)
In Arbeos etwas später verfaßten Vita Corbiniani geht es um seinen Vorgänger, den heiligen Korbinian (670–730). Auch ihn holt der Herzog Theodo nach Regensburg, wo er, ein Wanderbischof wie Emmeram, nicht bleiben mag. Er zieht nach Rom, verliebt sich unterwegs aber in die Gegend von Mais (Meran), wo er in Kains (Kuens) ein Kloster gründet, in dem er zeitlebens bleiben möchte. Aber der Sohn des Theodo, Grimoald, inzwischen Herzog auf Freising, läßt ihn mit Gewalt zu sich bringen. Korbinian revanchiert sich: Grimoald soll seine Frau, die Witwe seines Bruders Theudebald, aus kirchenrechtlichen Gründen verstoßen. (Die im Alten Testament geächtete Schwagerehe (3. Mose 20, 21) verbietet sogar noch das Lex Baiuvariorum.) Der Herzog beugt sich, nicht aber die wütende Pilitrud: Ein Mordanschlag, und Korbinian, der inzwischen St. Stephan

gegründet hat (später Weihenstephan!), verzieht sich wieder ins Tirol. Erst dem Nachfolger Grimoalds, Hugibert (690–736) gelingt es, den Bischof endgültig nach Freising zurückzubringen, wo er nach segensreichem Wirken sechzigjährig stirbt. Aber sogar jetzt noch beginnt für den Heiligen eine Reise. Seine Gebeine wandern: Meran, Trient, Passau. Von da holt sie vierzig Jahre nach seinem Tod sein Nachfolger, Bischof Arbeo, nach Freising zurück.
Und dort, in der romanischen Krypta unter dem herrlichen Dom, ruhen sie in einem kostbaren Reliquienschrein (1863), der auf seinem ehemaligen Ruheplatz, einem Steinsarkophag aus Arbeos Zeit, steht. Die vierschiffige Krypta mit ihrem Säulenwald zählt zu den größten und interessantesten Anlagen dieser Art in Europa. Weltberühmt und einmalig dort: die zur Gänze plastisch gestaltete „Bestiensäule“:
„Die Ostseite ganz der Sonne zugewendet und damit dem Licht und dem Leben, beherrscht von der Frau mit der Blume (Maria/Kirche) und bewaffneten Kriegern, so gilt der

Westteil der Dunkelheit, dem Untergang, dem Bösen, beherrscht von hochaufgereckten Drachenungeheuern, die die Menschen – losgelöst von der Sonne (Christus), vom Glauben (Maria), vom Leben (Kirche) – verschlingen, zerstören, vernichten. Nord- und Südseite der Säule zeigen die Kampfszene zwischen Licht und Finsternis, zwischen Gut und Böse, zwischen Menschen und Drachen."

Der Dom darüber: ein weit über ein halbes Jahrtausend umfassendes, aufgeschlagenes Buch der Kunstgeschichte! Friedrich Barbarossa (1123–1190) förderte das Bauwerk kräftig, weshalb der Kaiser am inneren Portal abgebildet ist, samt Gemahlin Beatrix (1144–1184); unter ihr eine Fruchtbarkeitskröte, steingewordener Wunsch nach einem Thronfolger.

Die Schwere der romanischen Pfeilerbasilika wurde dann jeweils dem Geschmack der Zeit angepaßt; bis sie schließlich von den Asambrüdern ihr hochbarockes Festgewand erhielt (1724).

In zwanzig Bildern an den Emporenbrüstungen erzählt Cosmas Damian das Leben des heiligen Korbinian, darunter das beliebteste Detail seiner Legende: Ein Bär zerreißt das Lasttier des Wanderbischofs und muß zur Strafe dessen Koffer selber tragen. Dieser Bär, Korbinians Attribut, ist allgegenwärtig: über dem Portal, links am Hochaltar (dessen Bild „Das apokalyptische Weib" von Peter Paul Rubens eine Kopie von 1926 ist) und auf dem Altar der angebauten Benediktuskirche sowie links unten im vierten Deckengemälde von der „Verherrlichung Korbinians".

Der gelehrte Benediktiner und Historiker Karl Meichelbeck (1669–1734) fügte dem Gerank der Legende etliches hinzu, wie etwa die „Geißelung der Zauberin" und das „Quellwunder". Bei der Gelegenheit soll einmal auf die Funktion der „Engerln", die die Kirchen des Barock und Rokoko so emsig durchschwirren, näher eingegangen werden. Es sind nämlich gar keine Engel oder doch nur halb: eine „Kreuzung" quasi der antiken Eroten (Amoretten) mit

den gotischen Kinderengeln. Diese „Putten" stellen oft die Wirkung des Bildes auf den Beschauer dar, seine Affektionen und begleitenden Gedanken. In Freising ist dies besonders sinnfällig: Ein aufgeregter Putto zeigt auf den Bären, während der andere gelassen schon das Zaumzeug für ihn bereit hält. Und gegenüber schwingt einer sogar wütend die Geißel!
Links daneben ist das Lieblingswunder der Freisinger, ja wohl das aller Bayern, dargestellt. Korbinian wirkte es auf dem Nachbarberg, der damals nach dem Germanengott Teut „Tetmons" hieß. Dort ließ der Heilige eine Quelle entspringen. Ihr heilkräftiges Wasser (für Augen und Atmungsorgane) tröpfelt am Südhang in einem Schacht vor sich hin, gleich unterhalb der Fakultät für Gartenbau. Über ihr erhob sich einst eine Kapelle, die später einem Asam-Rundbau weichen mußte. Er verfiel, und die Ruine ist für den Alpenverein als „einziges Trainingsgelände des Landkreises" ein Klettergarten für Bergfexen, worüber sich der erste Vorsitzende der Sektion Freising des Deutschen Alpenvereins Josef Großkopf und der Leiter der Verwaltungsstelle der Technischen Universität Hermann Kuen in den Haaren liegen. Es ist die Technische Universität München-Freising auf dem „Nährberg", deswegen so geheißen, weil man dort Landwirtschaft und Gartenbau studieren kann. Das allgemein am nahrhaftesten Empfundene da oben ist aber die weltberühmte Brauerei Weihenstephan, die älteste der Welt (1040). Und ihr beliebtes Bier braut man aus jener Art Wasser, das einst Korbinian entspringen ließ!
Josef Hofmiller (1872–1933) schrieb: „Wo immer uns in weiter Welt ein Trunk Bier labt, in Rom oder Kopenhagen, in Kairo, Kapstadt, Buenos Aires – es ist hundert gegen eins zu wetten, daß der Braumeister ein alter Weihenstephaner ist."
Der TU-Professor Dr. Anton Pindl erregte weltweites Aufsehen, als er im Frühjahr 1984 konstatierte: „Wer völlig alkoholabstinent lebt, ist stärker herzinfarktgefährdet als

der, der täglich maßvoll Bier trinkt." Mit „maßvoll" meint er maximal zwei Maß voll. Solche Leute hätten „eine günstigere Cholesterinzusammenstellung, was auf das Herz eine Schutzwirkung ausübt. Außerdem steigere dies das Leistungsvermögen, wirke harntreibend, baue überhöhten Blutdruck ab, schütze vor Magen- und Darmentzündung, verringere Streß, beruhige und entspanne Sportler."
Die Gegenseite ließ sich ein Vierteljahr Zeit, schüttete aber dem Professor dann etliche Wermutstropfen in den Maßkrug. Bereits fünfzehn Liter monatlich, also eine kümmerliche Halbe pro Tag, auf die es hierzulande schon Grundschüler leicht bringen, würden das Risiko eines Dickdarmkrebses verdreifachen. Und „die scheinbar geringe Menge von 30 bis 40 Gramm Alkohol (=1 Maß) täglich erhöhe die Gefahr von Leberverarbung, Leberversagen, Magenkrebs, Herzmuskelschwäche, Herzinfarkt, Bluthochdruck, Entzündung der Bauchspeicheldrüse, ja sogar das Risiko, mißgebildete Kinder zu bekommen!"
Dem möchte man denn doch rein gefühlsmäßig ein bayerisches „Öha!" entgegensetzen.
Die Wahrheit dürfte halt wie so oft in der Mitte liegen. Meine diesbezüglichen, langjährigen Forschungen auf diesem Gebiet scheinen eher dem Weihenstephaner Recht zu geben, hatten aber schließlich das zur Folge, was die Franzosen mit Embonpoint, die Bayern Wampen, Siegfried Sommer aber mit Brauerei-Geschwür bezeichnet. Nach Absetzung des Langzeit-Experiments fühle ich mich jedoch erheblich beweglicher.
Über das ganze Bierduell wären dem Roider Jackl (1906–1975) sicherlich einige treffliche Gstanzln eingefallen, hat er doch seine Karriere mit dem schönen Lied begonnen, dessen Kehrreim immer das Verlangen nach dem „gschmackigen, gsüffigen, boarischen, braunen Bier" ausdrückt. Der singende Oberförster war Freisinger und ruht auf dem dortigen Friedhof unter einem barock geschmiedeten Kreuz. Einmal sang er so:

Und wenn i einmal/gstorbn bin
nacha werd i/berühmt und
kriag aa so a/Denkmal
wo as Wasser rausrinnt.

Er hat es. Auf dem Viktualienmarkt in München.

Vom „Nährberg“ nochmal auf den „Lehrberg“. Lehrberg deshalb, weil dort auch das Domgymnasium steht. Dom und Kloster sollten in der Säkularisation abgebrochen werden; der Duschl-Bräu hatte den Komplex auf Abbruch erworben. Ein französischer Offizier verhinderte dies. Ihm zu Ehren führen die Freisinger das selbergestrickte Volksstück „Der Himmelskanonier“ auf. Sonst gäbe es dort auch nicht das größte kirchliche Museum Deutschlands, das Diözesanmuseum, in dem, auf das Kostbarste gefaßt, ein Porträt der heiligen Maria direkt aus dem Pinsel des Evangelisten Lukas, der ja ein begabter Maler und Bildhauer gewesen sein soll, zu bewundern ist.
Im Fürstengang befindet sich noch ein Relikt aus dieser Zeit: Zwei in den Steinboden eingelassene Rautenmuster markieren die Grenze des bayerischen Staatsbesitzes im Klosterbereich. Heute noch.
Den Fürstengang entlang hängen die Porträts sämtlicher Freisinger Bischöfe in Öl. In der langen Reihe fällt ein blutjunges Bürscherl auf, das gar nicht in das ernste Violett seines Habits zu passen scheint. Es ist Ruprecht (der Tugendhafte, 1481–1504). Was zu Korbinians Zeiten ganz ausgeschlossen war, nämlich die Verwandtenehe, genehmigte Rom inzwischen mit leichter Hand: Ruprecht durfte seine Cousine Elisabeth heiraten, worauf der Landshuter Erbfolgekrieg ausbrach (siehe Neuburg, Band 2). Der unglückselige Ruprecht, der, wie man sieht, nicht alt wurde, kam fünfzehnjährig auf den Bischofsthron, „noch nicht ausgeweiht“, doch immerhin schon Pfarrer, Domherr und Propst. Wie das?
Sein Vater, der Kurfürst Philipp (der Aufrichtige,

1448–1508) hatte unter seinen vierzehn Kindern neun Söhne. Die wollten versorgt sein, und dazu waren die einträglichen Kirchenpfründe gerade recht. Sohn Philipp (1480–1541) wurde dann auch der Nachfolger Ruprechts. Er war vorher bereits mit acht Jahren Domherr zu Mainz, Würzburg, Augsburg, Straßburg und Freising! Der dritte Bruder im Amt, Heinrich (1487–1552) starb, ohne die Priesterweihe empfangen zu haben.
Der Zustand der katholischen Kirche war entsprechend: „Es wächst die Erbitterung über den geistlichen Stand von Tag zu Tag, das gemeine Volk versteigt sich zu der Dro-

Blick auf Freising – aus dem Gemälde „Das Apokalyptische Weib“ von P.P. Rubens, Anfang 17. Jh.

hung, alle Pfaffen totzuschlagen. Hervorgerufen aber ist diese Erbitterung durch das schändliche Leben des Klerus, durch die Nachlässigkeit beim Gottesdienst, durch die falsche Verkündigung, durch weltliche Kleidung, durch Herumlungern in den Wirtshäusern, durch die Einrichtung von Weinschenken in den Pfarrhöfen, durch wucherischen Handel, durch ausgehaltene Konkubinen, mit denen die Pfarrer Kinder zeugen und ein familiäres Leben führen, durch das Erpressen ungerechtfertigter Abgaben, durch den Verkauf der Absolution gegen Geld, durch die Verwahrlosung des Kirchenbesitzes, durch Anstellung ungebildeter, unfähiger kläglich entlohnter Vikare und anderes mehr."

Dies war *eine* Episode der Wittelsbacher in Freising. Eine andere Spur des Hauses steht draußen an der Münchener Straße vor der Einfahrt zum Schlüter-Werk. Der Gedenkstein vermerkt:

Der Edle
Niklas, Herr zu
Abensberg
der lezte dies Namens ist allhier
niedergelegen und tods abgegangen
den 25. Februar 1485
Gott Genad!

Maximilian IV.
Churfürst zu Pfalzbaiern
ließ diesen Denkstein erneuern
1804

Die Story: Die Herzogsbrüder Albrecht (der Weise, 1447–1508) und Christoph (der Kämpfer, 1450–1493) kamen sich in die Haare. Albrecht hielt den Bruder großzügig aus, um den Luftikus von einer Einflußnahme auf die Regierung fernzuhalten. Dem wars recht. Als ihm aber die Schulden wieder einmal über den Kopf gewachsen waren

(„er war liederlich; hatte er aber kein Geld, so hielt er auch weder Frieden noch Ruh"), stellte er Herrschaftsansprüche. Da ließ ihn der Bruder durch eben diesen Niklas im Thürlbad pudelnackert verhaften und neunzehn Monate einsperren. Dreizehn Jahre später rächte sich der Wildling: Er lauerte dem Abensberger auf; sein Freund Seitz von Frauenberg erstach ihn „von Unten auf zu Tod".
Zwischen Nährberg, Lehrberg und Wehrberg (weil dort die Vimy- und Steinkaserne stehen) liegt die schöne Stadt Freising. Ob zweier der drei Hügel ist sie hier selber zu kurz gekommen. Aber über die Domstadt an der Isar informiert ja der Prospekt. Etliches vermerkt dieser nicht: die Häuser der Studentenverbindungen Agilolfia (Domberg 2), Donaria (Landshuter Straße 17), Isaria (Herrenweg 9) und Bavaria (Vöttinger Straße 28), die roten Straßenschilder und Hausnummern, den aufgeschirrten Korbiniansbären im Stadtwappen und die wirztige „Zahnarztreklame" an der Oberen Hauptstraße 25: Da streckt einer sein griesgrämiges Gesicht aus der Hausmauer, mit geschwollener Backe und einem veritablen Zahnbund. Aus Stein.

8050 Freising, 29 500 Einwohner, Auskunft 08161/3301
Topographische Karte 1:50 000 L 7536 Freising und L 7736 Erding.
Sehenswert: Dom, Johannikirche, Klosterkirche St. Peter und Paul, Pfarrkirche St. Georg.
München 34 km, Landshut 35 km.

Quellen: Karl Bosl, Carsten-Peter Warncke, Hiltgard L. Keller, Erna und Hans Melchers, Michael Höck, Alois Elsen, Sigmund Benker, Walter Brugger, Erwin Raithel, Rudolf Reiser, Heidrun Graupner, Herbert Glaser, Hans F. Nöhbauer.

GAUTING
Gußeiserner Greis

Was gibt es schon groß zu sehen in Gauting? Wer fährt da schon hin? Ich. Und zwar mit dem Rad. Es ist eine meiner Hausstrecken, deren Idylle keiner glaubt, der jemals mit dem Auto nach Gauting gefahren ist, denn der Weg führt ganz nah parallel zu der verkehrsreichen Straße, bloß drüberhalb der Würm.
Machen Sie es mir nach, es lohnt sich. Start ist das Schloß Blutenburg in München-Obermenzing. Es präsentiert sich frisch renoviert. Ein bißchen arg aus dem Ei gepellt spiegelt es sich eitel in einem viel zu nagelneuen Weiher. Aber das gibt sich.
Ansonsten kann man die Revitalisierung des heruntergekommenen, nur noch vom Putz zusammengehaltenen Wasserschlosses als Internationale Jugendbibliothek nur begrüßen. (Die 400.000 Bände der einzigen Spezialbibliothek der Welt für Kinder- und Jugendliteratur in 120 Sprachen, von denen nicht einmal ein Zehntel im Schloß selbst Platz hätte, befinden sich in einem hochmodernen, unterirdischen Zentralmagazin.)
Erbaut hat es Herzog Albrecht III. (1401–1460), der mit der Agnes Bernauer (vgl. Straubing). Zu seiner heutigen Gestalt kam es durch Albrechts Sohn Sigismund (1439–1501), der auch den Grundstein für die Frauenkirche legte, auf sein Herzogamt zugunsten seines Bruders Albrecht des Weisen (1447–1508) verzichtete und es sich lieber mit seiner Margarete Pfättendorferin gemütlich machte, ganz nach seinem Wahlspruch „De die in diem“, was so viel heißt wie „Kommt der Tag, bringt der Tag.“
Laßt auch uns schauen, was der Tag bringt!
Die eilige Würm aufwärts, gegen den Strich sozusagen, pas-

sieren Sie gleich das gotische Kircherl von Pipping. So manche Stadtrandidylle erfreut das Auge bis plötzlich nach Unterquerung der Bahn mit dem Bergengruenweg die lebhafte Landsberger Straße überwunden werden muß. Die Würm ist weg; aber nach ein paar geschlagenen Haken findet sie sich wieder, und Sie tauchen von der Institutstraße aus zwischen Mühle und Klostergarten von Pasing in den parkhaften Dämmer der Ufer ein. Aber den Anrainern genügt Natur allein nicht. Drum hat sich einer das Matterhorn an den Giebel seines Häusls gemalt – und das spiegelt sich jetzt in der Würm.
Lochham, Gräfelfing, Steinkirchen, heute vornehme Vororte der Metropole, waren einst Dörfer. Ihre Kircherln zeugen noch davon. An dem von Gräfelfing erinnert man an den armen Fendt Peter, der so ganz sinnlos ungeheuer weit weg von Bayern für einen zwirbelbärtigen Kaiser anläßlich des Boxeraufstandes sein junges Leben hat lassen müssen:

Gedenktafel
für den
Musketier Peter Fendt
geb. 15. Juni 1877 zu Gräfelfing
gefallen am 1. März 1901 in China auf einem
Patrouillenritt am Tschang tschönn Paß.
R.I.P.
Ihrem Kameraden errichtet, von der
Vereinigung Angehöriger des ehem.
Ostasiat. Expeditions-Corps München.

Planegg, Ecke Georgen-Germeringer-Straße. Stop! Da steht, linker Hand, ganz zugewachsen, das Häusl des Karl Valentin (1882–1948) mit seinem Kopf an der Wand. Wenn Sie wollen, dann besuchens ihn auf dem gepflegten Gottesacker draußen an der Fürstenrieder Straße, gleich nach dem Eingang rechts. Der alte Grabstein läßt den seltsamen Philosophen unten aus dem Wappen melancholisch-pfiffig herausspitzen.

Planegg hat einen einsam ragenden Campanile und ein stolz sich verhüllendes Schloß des Barons von Hirsch. In Stockdorf leistet sich ein Geschäftsmann skurrile Accessoires an Haus, Tor und Garten (Margaretenstraße 23).
Meldet sich bei Ihnen schön langsam der Hunger? Dann kommt der Wirtsgarten des Herrenbräu ein Stück weiter vorn gerade recht.
Zwischen Krailling und Gauting gibt es weiter nichts Bemerkenswertes. Und in Gauting selber?
Vornehmlich Historie. Und von welchem Kaliber! Vor und hinter der Würmbrücke haben Ampeln alle Hände voll zu tun, um des Verkehrs Herr zu werden. Damit knüpfen sie an eine alte Tradition an, denn genau hier kreuzten sich zwei wichtige Römerstraßen. In Bratananio.

HIER WAR DER
MITTELPVNKT DES
ROEMISCHEN GAVTING
BRATANANIO
UM 20–350 N.CHR.GEB.

Dies steht auf eine Holztafel geschnitzt, draußen, wo der Reismühler Weg von der gleichnamigen Straße abzweigt.
Gauting hat eine „Römerstraße", die tatsächlich auf der uralten Trasse läuft, schnürlgerade von der Villenkolonie nach Gilching. Sie war damals an die zwei Meter hoch und an der Basis zehn Meter breit. Daß man das Material hierfür aus nächster Nähe genommen hat, ist noch an den unzähligen Aushubgruben unmittelbar beiderseits der Straße erkennbar.
Diese Römerstraße verliert sich natürlich in Gauting selbst, taucht aber drüben auf dem Buchet als „Römerschanzenweg" wieder auf (Reitverbot!), tangiert Buchendorf im Norden und führt an einer keltischen Viereckschanze von ganz erstaunlicher Größe vorbei: In den sehr gut erhaltenen Wällen hätte ein Fußballfeld spielend Platz.
Ein halbes Jahrtausend später meldet sich die Historie wie-

der in Gauting (Goutingen, Cotingas, Cuittinga, Cotingun, Gotinga, Gotzingun, Kotingun, Kotinga, Gutingen, Cotzingen, Gutingin, Gauttingen). In der Reismühle, wo Karl der Große (742–814) geboren wird.
No ja, nichts Gewisses weiß man freilich nicht: Selbst sein Biograph Einhard (770–840) meint, „von Karls Geburt, Kindheit und Knabenalter etwas zu sagen, hielt ich für unschicklich, weil ich darüber in den Schriften nichts finde und auch niemanden kenne, der behauptet, er wisse etwas daran zu sagen". Trotzdem streiten sich Frankreich, Belgien und Deutschland um die Ehre, und hier sind es Ingelheim, Aachen, Worms, Großvargel (Thüringen) und Gauting.
Sicher hat jeder dieser Orte seine eigene Karl-der-Große-Story. Die unsrige kann jeder, der nach Schloß Hohenschwangau kommt, von der Wand ablesen. Dort hat nämlich der Maler Xaver Glink im Auftrage Max II. (1811–1864) und nach Entwürfen von Moritz von Schwind (1804–1871) die ganze Geschichte haarfein dargestellt nach dem Motto:

An der Würm geheimen Gründen
keimt der alten Kaiser Macht.

„Bild 1: Berta, die Tochter des Grafen Heribert von Laon flüchtet nach der Reismühle."
Warum? Weil sie Pippin den Kurzen (715-768) heiraten soll, dieserhalben nach Freising zieht, wo Pippin residiert. Der sie begleitende Hofmeister will jedoch seine Tochter unterschieben und Berta durch Knechte ermorden lassen. Wie im Märchen bringen die es jedoch nicht übers Herz und Schneewittchen-Berta entkommt.
„Bild 2: Pippin, auf der Jagd sich verirrend, findet Berta und verlobt sich mit ihr."
Das war sieben Jahre später. Pippin erkennt Berta an dem goldenen Verlobungsring.
„Bild 3: Pippin wird vom Jagdgefolge vermißt."
Inzwischen empfängt die echte Königsbraut vom König den späteren Kaiser.
„Bild 4: Berta beschäftigt sich am Webstuhl."

Die Verräter erhalten derweilen den verdienten Lohn; die falsche Gemahlin wird verstoßen. Berta gebiert einen Knaben.
„Bild 5: Pippin und Berta ziehen mit Karl nach Weihenstephan." Das happy-end ist perfekt.
Das alles haben sich die Wittelsbacher nicht aus den Fingern gesogen, denn schließlich schreibt Aventinus (1477–1534):
„Von der Geburt Keyser Carls. Keyser Carl ist geboren worden als man zehlet nach Christi Geburt 742 zu Carlsberg auff dem schloss am Wirmsee, drey Meilen oberhalb München, wie das die Eynwohner das noch sagen, auch bezeugets ein gantz Buch von Keyser Carl beschrieben zu Weyhensteffen im Kloster auff dem Bergk bey Freysing noch vorhanden, allda König Pippinus sein Vatter dieser zeit Hof hielt."
Und obwohl mit „Carlsberg" auch die nahe Karlsburg bei Leutstetten gemeint sein kann oder das Schloß auf der Roseninsel im Starnberger See, das einst Karlsburg geheißen haben soll, darf den Gautingern niemand ihr Wappen anzweifeln: Mühlrad mit Kaiserkrone! Schließlich besuchte ja sogar Kollege Napoleon im Oktober 1805 die Geburtsstätte von Charlemagne.
Dabei könnte der Große Karl sowohl den Gautingern, den Wittelsbachern und allen patriotischen Bayern gestohlen bleiben, hat er doch die Agilolfinger ausgerottet und Bayern vereinnahmt.
Weil sein Lehrer Karl den Großen einen Räuber und Tyrannen nannte, warf ihm der junge Karl Theodor Maria Hubert Isidor von Hallberg-Broich (1768–1862) ein Buch an den Kopf und rannte aus der Schule davon – in ein unglaubliches Leben!
Seine ersten, gemessen an den späteren eher schüchternen, Abenteuer: holländischer Schiffsjunge, englischer Matrose, österreichischer Soldat, bayerischer Offizier, Studiosus der Medizin in Oxford, Paris, Wien.

Hallberg war vierundzwanzig Jahre alt, als sein Vater starb. Da ging es hoch her auf Schloß Broich; die Feste rissen nicht mehr ab, auf denen er gern als Landstreicher erschien, die Löcher in seinen Lumpen allerdings von Siegellack zusammengehalten, auf dem sein Adelswappen prangte.
Doch bald lockt ihn die weite Welt. Reich ist er nicht, und deshalb macht er, übrigens zeitlebens, seine Reisen zu Fuß – wenn ihn nicht jemand mitnimmt: Schweiz, Italien, Amerika, Großbritannien, Skandinavien samt Lappland, Rußland, Türkei, Anatolien, Syrien, Zypern, Rhodos, Tunis, Sizilien, Spanien. Der Teutonismus seiner Jugend verstärkt sich und wird zum Franzosenhaß, als Napoleon in der Weltgeschichte erscheint. In Wien (wo man ihn dafür acht Tage in den Narrenturm wirft), in der Türkei und in Ägypten ruft er persönlich zur Erhebung gegen den Korsen auf. Der, nicht faul, läßt ihn von seinen Soldaten kidnappen, nach Paris schleppen und sperrt ihn dort acht Monate ein. Prompt revanchiert sich Hallberg: In Tunis fordert er vom Bey sechstausend Mann, verspricht ihm Italien als Kolonie, nachdem er es von den Franzosen gesäubert hätte; er selber wolle nur König von Korsika werden. Um sein Engagement zu bekräftigen, tritt er zum Islam über, hält sich einen Harem und wird Generalissimus der tunesischen Truppen. Niemand weiß den Grund, weshalb man ihn plötzlich nach Griechenland abschiebt. Doch dort kommt er nicht an, weil sein Schiff von den Engländern aufgebracht wird und er, für einen Spion Napoleons gehalten, sechs Monate in einem Verließ in London schmachten muß.
Inzwischen bricht dem Korsen der Winterfeldzug gegen Rußland das Rückgrat. Minister vom Stein erteilt Hallberg den Auftrag, das Volk am Rhein zu bewaffnen. Mit 30.000 Bauern geht der frischgebackene Feldobristhauptmann des Landsturms über den Rhein. Ein Jahr später marschiert der inzwischen 47jährige als „General-Marschcommissair der russisch-kaiserlichen Truppen“ nach Paris und wird dort gar „General-Policeydirektor aller Armeen in Paris!“

Der Krieg ist aus. Hallberg wendet sich der Politik zu und schreibt mit seinem Bruder Franz (angeblich in einer Nacht) ein politisches „Kochbuch“ gegen Preußen, wegen dessen Erfolg er nun vor Friedrich Wilhelm III. nach Stockholm fliehen muß. Dort stacheln ihn unzufriedene Adelige auf, Bernadotte zu vertreiben und sein freilich über sieben Suppenschnürl abgeleitetes Recht auf den schwedischen Thron geltend zu machen. Gemacht, sagt er, fordert 30.000 Mann – und wird des Landes verwiesen.
Was nun? Heim kann er nicht. Da fährt eines schönen Tages im Jahr 1819 an der Residenz zu München eine Droschke vor. Hallberg antichambriert beim guten König Max I. Joseph und wird willkommen geheißen. Der Abenteurer kauft sich an. Endlich wird er seßhaft. Auf dem bescheidenen Schloßgut Fußberg – in Gauting, einen Büchsenschuß nördlich der Reismühle!
Inzwischen ist der an allen Höfen Europas berühmte Weiberheld verheiratet und hat Sohn und Tochter. (Seine erste Braut, eine Lady Stuart, starb in Edinburgh drei Tage vor der Hochzeit.) Die Freiin von Olne versteht ihn zu nehmen. (In Männerkleidung folgte sie ihm als sein Adjutant.) Er wird gesetzter, läßt sich einen langen, weißen Bart wachsen. Es gefällt ihm, daß ihn die Bauern deswegen „Eremit“ nennen. Er fängt wieder zu schreiben an. Die Biedermeierjournale „Der bayerische Volksfreund“, „Die Landbötin“, der „Nationalkorrespondent“ und „Der Reisende Teufel“ erfreuen sich Hallbergs unermüdlicher Mitarbeiterschaft unter dem Pseudonym „Eremit von Gauting“. Das dauert sieben Jahre. Natürlich hat er auch in dieser Zeit „keinen Sitzenden“, wie man umtriebige Leute in Bayern heißt. Nach Holland geht er, in die Schweiz. Mit der Familie nach Rom. Pius VII. ernennt ihn zum „Eques militae auratae comes Palatinus lateranensis“ (Pfalzgraf von Lateran) und verleiht ihm den päpstlichen Orden vom Goldenen Sporn samt dem Recht, diese Auszeichnung seinerseits an „Würdige“ zu verleihen, worauf bald überall in Europa auch Pro-

testanten und Juden mit dem Orden herumlaufen. In Avignon gibt er sich in einem Nonnenkloster als Bischof aus, predigt den Frauen und segnet sie.
War es eine neuerliche Reise in die Niederlande (1825–1826), die in ihm das Interesse für Neulandkulturen weckt? Der König stimmt zu und schenkt Hallberg eine große Moorfläche im Norden Münchens. Der kauft das freisingisch-kurbischöfliche Schnepfenjagdschlößl Birkeneck und zieht um.
Jetzt entfaltet sich die ganze Skurrilität des „Eremiten" in einem spartanischen Lebensstil. Die Möbel sind aus schlichtem Fichtenholz und samt Türen und Fensterstöcken fuchsfeuerrot angestrichen. Die einzige Bequemlichkeit für die Familie sind Betten; er selber schläft auf einer Matratze am Fußboden unter einem Eisbärfell.
Das Empfangszimmer tapeziert er mit Theaterzetteln, Festungsplänen, Todesanzeigen, Briefen, behördlichen Erlassen, Landkarten, Trachtenbildern, Kupferstichen. Eine Volière von ungeheuren Ausmaßen nimmt alle Vögel auf, die er auf seinen Wanderungen fängt; die zahme Dohle „Nanino" spaziert bei Tisch zwischen dampfenden Schüsseln herum.
Am Sonntag hält Hallberg in der Schloßkapelle für seine Siedler eigenhändig die Messe, und schreibt auch ein „Gebetbuch für die Kolonie Hallbergmoos". So heißt das Dorf heute noch.
Zu einem 15. Juli lädt er alle Bürger von Freising, insbesondere „alle schönen Mädchen", zu einem „Nationalfest der Gefangennehmung Napoleons" ein. Das war zwar auch schon wieder ein dutzend Jahre her, aber er stellt die Büste des Kaisers auf einen Berg von Feigen, denen die Gäste so lange zusprechen müssen, bis die Figur herabfällt und den Hals bricht.
In Birkeneck gibt es keine Bibliothek. Da stehen nur seine eigenen Bücher herum: höchst originell geschriebene, kulturhistorisch und völkerkundlich interessante Werke, die

sich heute noch amüsant lesen: „Das Stammbuch der eisernen Hand des Götz von Berlichingen“ (1826), „Der Soldat“ (1828), „Über den alten Handelsweg nach Indien und den Rhein-Donaukanal“ (1829), „Über Armenkolonien“ (1829), „Über die Unzufriedenheit der Völker und Mittel, derselben abzuhelfen“ (1833), „Über den Verstand der Tiere“ (1834) und Reisebücher über Reisebücher!
Was Wunder, daß sich Journalisten und Reisende aus ganz Europa in Birkeneck die Türklinke in die Hand geben. Jeder will den berühmten Sonderling kennenlernen, der übrigens fast alle europäischen Sprachen wie seine Muttersprache beherrscht. Berichte über ihn erscheinen in Londoner und Pariser Zeitungen.
Gern hätte Hallberg in Hallbergmoos eine Kirche gehabt. Die Konfession ist ihm egal: protestantisch, jüdisch; schließlich wird es doch eine katholische.
Gekleidet ist er stets gleich. Er trägt einen Samtrock mit all seinen zahlreichen Orden und winters wie sommers eine Mütze aus Eisbärenfell, ob zu Haus, beim Umgraben seines Gartens, ob in der Stadt, in die er stets auf einem brinnrot gestrichenen Munitionswagen fährt, um bei Bekannten, seinem Stammcafé Tambosi oder gar König Ludwig I. abzusteigen, der ein Deutschnationaler und Franzosenfeind ist wie er und den er duzt.
Den Wagen ziehen zudem noch sechs Eselinnen, die er der Milch wegen für seine kränkliche Frau aus Italien mitbringt. Die Frau stirbt 1832. Der einsam Gewordene geht wieder fort: Siebzigjährig erwandert er Ungarn, Serbien, Kleinasien, heiratet in Konstantinopel eine reiche, hochgebildete Amerikanerin, die ihm wenige Tage nach der Hochzeit an einem Nervenfieber wegstirbt.
Beim Vizekönig in Ägypten richtet Hallberg eine Gewehrfabrik ein, arbeitet Pläne für die „Nilkorrektion“ und für einen Schleusenkanal zwischen Rotem Meer und Mittelmeer aus. 1839 entgeht er auf dem Weg nach Schottland mit knapper Not einem Schiffbruch. Ein Jahr später verkauft er

Birkeneck und zieht in den „Schwarzen Adler" in München. Dort wettet er um tausend Gulden, daß er noch leicht eine Frau kriegt. In Heiratsinseraten mit seinem Bild wünscht er sich:
„Geist, Schönheit des Antlitzes, der Hände und Füßchen, der Zähne, ringsum Liebenswürdigkeit, die Sanftmut eines Lamms, ein edles Herz mit Hochgefühlen wie die Mutter der Gracchen, blonde Haare, himmelblaue Augen, einen hohen schlanken Wuchs und eine Jugend von nicht über 16 Jahren."
640 Bewerberinnen schrieben, darunter sechs Komtessen und eine steinreiche Jüdin aus Prag. Zu einer Heirat mochte sich der Begehrte jedoch nicht entschließen.
Dafür trieb ihn das Fernweh nach Asien: Über Petersburg, wo er dem Zaren Pläne zur Eroberung des Kaukasus überreicht, geht er, nur mit einem Hemd in der Tasche, nach Nischni-Nowgorod, Kasan, Astrachan, Tiflis, Baku, durch Georgien und Armenien nach Persien.
Dem Padischah erzählt er von Bayern als einem Land von ungeheurer Größe, dessen Breite in hundert Tagereisen nicht zu durchmessen sei, und er schließt im Namen seines Königs ein Schutz- und Trutzbündnis mit Persien, wird General, bildet Truppen nach europäischem Muster aus und erhält als einziger Europäer überhaupt die Goldenen Sterne in Brillanten vom persischen Sonnen- und Löwenorden.
Auf dem Heimweg empfängt er vom Papst den Orden vom heiligen Grab zu Jerusalem und langt schließlich nach einer weiteren Schleife über Damaskus, Mekka, Bombay, Ceylon, Kalkutta, Alexandria, Marseille, Paris, Brüssel, wieder in Bayern an, just 80 Jahre alt geworden.
Wäre die Revolution von 1848 nicht gewesen, wer weiß, vielleicht hätte er noch sein Projekt verwirklicht, mit „allen Europamüden" in Amerika eine Kolonie zu gründen.
So aber stand am 30. November 1850 in der Augsburger Abendzeitung:
„Der Eremit von Gauting zeigt seinen Freunden an, daß ihn

das Alter gezwungen, seinen Wanderstab niederzulegen und daß er seine Burg Hermannsdorf bezogen, wo er nun seinen Kohl in Frieden und Ruhe zu pflanzen gedenkt und seine Freunde bittet, ihn da zu besuchen. Seine Burg Herrmannsdorf liegt an der Landstraße, die von Landshut nach Straubing führt, ungefähr im Mittelpunkt zwischen beiden Städten." Hörmannsdorf, wie es jetzt heißt, liegt bei Weng nördlich von Niederviehbach.

Weltmann, Abenteuerer und Clown

Mit dem alten Kämpen geht es zu Ende. Es ist ein langes Siechtum. Wegen einer mißglückten Augenoperation erblindet er. In seinem Schloß trillern Unmengen von Singvögeln in endlosen Käfigreihen, Hunderte von Schwarzwalduhren ticken, schnurren und schlagen. Zehn Jahre noch meint er mit Voltaire, daß der Tod „das größte Glück des Lebens“ sei, bis Freund Hein den 93jährigen erlöst und er im Friedhof von Weng unter Bauern und Gütlern die letzte Ruhe findet.
Wer kennt ihn noch, den Eremiten von Gauting mit dem ganz und gar unglaublichen Lebenswandel, den man zu Unrecht den „bayerischen Münchhausen“ nannte, denn seine Geschichten sind ja wahr? Nicht einmal unter den „8000 Persönlichkeiten“ in „Bosl's Bayerischer Biographie“ ist er zu finden.
Karl der Große sei, so hat man ausgerechnet, in seinem Leben zweimal um die Erde *geritten*. Wer rechnet aus, wie oft der Karl Theodor Maria Hubert Isidor um die Welt *gegangen* ist?
Wer schreibt seine Biographie?
Vielleicht dreht Herbert Achternbusch (Jahrgang 1938), der moderne bayerische Münchhausen, einen Film von ihm. Der wohnt ja auch in dieser geschichts- und geschichtenträchtigen Gegend. In Buchendorf. Sein abenteuerlicher erster Film „Die Atlantikschwimmer“ spielt im Würmtal. Aber vielleicht wäre der Hallberg eher etwas für den Werner Herzog (Jahrgang 1942). Dann hätte ich für Achternbusch jemanden, der ihm besser liegt: die von den Bürgern als eine halbe Heilige verehrte Magdalena Paumann (1735–1778). Auch der Pfarrer neigte dieser Einschätzung zu und erlaubte der Baderstochter, ganze Nächte zu übertriebenen Bußübungen in der Kirche zu bleiben. Man schrieb ihr Wunder zu, so daß sie wegen ihres Rufs ohne einen Heller mitzubringen im Münchener Angerkloster Aufnahme fand, denn es hieß seit Jahren, daß „niehmalen ainige Krankhait grassiert oder ain Schaurwetter geschla-

gen. Dise Gnad habe die gottselige Closterfrau aus disem Ort von Gott erhalten."
Bald aber enthüllte sich ihre abgrundtiefe Bösartigkeit. Beichtvätern wurde sie zur Qual und dem Kloster zur Last. Sie geißelte sich und bespritzte Wände und Möbel mit Blut. Was sie sich einmal in den Kopf gesetzt hatte, vermochte ihr niemand auszureden. Ihr Starrsinn und ihre klösterliche Unbotmäßigkeit waren sprichwörtlich. In der Bußzelle brach sie Fensterstöcke, eiserne Stangen und Steine aus, ohne daß man ein Werkzeug bei ihr entdecken konnte.
Dann ging sie in Hungerstreik. Erst zwanzig, dann gar vierunddreißig Tage. Schwestern, die sie zur Vernunft bringen wollten, biß und krallte sie.
Dann heuchelte sie eine unheilbare Lähmung. Plötzlich konnte sie wieder gehen; alle glaubten an ein Wunder. Der kurfürstliche Leibarzt indes konstatierte der Paumann „teuflische Bosheit." Man brachte sie dorthin, wohin sie schon längst gehört hätte: ins Herzogspital zu den Geisteskranken. Da machte sie sich unversehens auf den Weg nach Rom. Sie kam dort nie an. Sie starb im Spital von Narni bei Perugia im Alter von dreiundvierzig Jahren.

8035 Gauting, 17.800 Einwohner, Auskunft 089/857970
Topographische Karte 1:50.000 L 7934 München.
Starnberg 10 km, München 17 km.

Quellen: Adolf und Helga Schnierle, Wolfgang Vogelsgesang, Hans F. Nöhbauer, Georg Dehio, Wolfgang Krämer, Karl Wieninger.

GRAFENAU
Für Politiker gefährlich?

In einem alten Bericht heißt es über Grafenau: „Die Nahrung dieser Leute besteht in einem Frühstück von sauerer, aus gestockter Milch gemachter, mit Mehl angezwirnter sogenannter Kürbelsuppe; in einem Mittagessen von rokkenen Klösen oder Rohrnudeln, gestutzten Fingernudeln, Ramstreuzeln, Erdäpfelschmarn, auch in Milch gesottenem gelben Brei, wozu alle Tage Sauerkraut als Suppe aufgetischt wird; in einem Abendessen von trockenem Rokkenbrod, zur Sommerszeit mit gestockter Milch, im Winter wann gedroschen wird, mit Erdäpfeln; in einem Nachtessen von saurer Suppe oder Erdäpfeln und von dem was zu Mittag übrig geblieben. Diese Kost ist die allgemeine."

Inzwischen macht in Grafenau ein Gast etwa im „Säumerhof" so seine Bestellung: „Ich nehme einmal den Artischokkenbodensalat mit Rebhuhnbrust, dann einmal Schaum von gekochtem Schinken mit Rettich; die Jakobsmuscheln mit Blattspinat in Weißweinsoße. Dann noch die Wildentenbrust in Rotwein mit glasiertem Apfel. Als Nachtisch bitte das Maronenparfait mit Datteln in Honig."

Wie man sieht, die Zeiten sind vorbei, in denen es hieß: „Ganze Jahre vergehen, ohne daß sich ein Mensch nach Grafenau verirrt und einen Kreuzer Geld absetzt." Bei angehobenen, aber keineswegs hohen Preisen bereitete der Witzigmann-Schüler Gebhard Endl dem Zustand der „kulinarischen Einöde Bayerischer Wald" ein Ende. Bei allen Fachleuten gilt sein Restaurant als die Nummer 1 dort hinten. Der fundiert plaudernde Gault Millau schreibt: „Ein Restaurant, in dem man sich wohlfühlt. Dazu trägt der gepflegte Rahmen ebenso bei wie die junge Wirtin, die gute Laune verbreitet und die Gäste mit einer persönlichen Note betreut." Weniger Rühmenswertes berichtet der Gourmet-Berater über Steigenbergers „Sonnenhof" am Gegenhang: „Da verweisen die desinteressierten Damen am Empfang den mit viel Gepäck anreisenden Gast auf eine Sackkarre."

„Dort hinten." Das hat sich gehalten. Der „Woid" ist hinten. Früher sagte man, dort würden die Hunde mit dem Arsch bellen; die Welt sei mit Brettern verschlagen. Letzteres hat sich durch den Eisernen Vorhang sogar bewahrheitet.

„Grafenau ist eine Stadt in Unterbaiern. In sonsten allhier nichts Denkwürdiges anzumerken." Nun, dieser lapidaren Feststellung des kurbaierischen Hofgerichtsadvokaten Anton Wilhelm Ertl, gemeinschaftlicher Syndikus des Kaisers und der Reichsritterschaft in Schwaben (1654–1715; Relationes Curiosae Bavaricae und Chur-Baierischer Atlas) wollen wir doch einmal ein wenig auf den Pelz rücken. Wobei ich gar nicht so Sensationelles wie „das schönste Freibad des bayerischen Waldes" und die fünfhundert Meter lange Rutschbahn anpeile. Derlei hat ja zu der kolos-

salen Selbstüberschätzung geführt mit den fatalen Folgen, daß einen dort hinten heutzutage so schnell niemand mehr für bloß eine Nacht aufnimmt.
Gehen wir ruhig von der Vergangenheit aus. Da hat sich zu dem urigen Essen ein uriges Genußmittel gesellt, der Schnupftabak. Und wer Schnupftabak hört, denkt gleich an die Waldler, bei denen der Bub bei der Firmung sein erstes Büchsl Schmalzler bekam, natürlich einen „Perlesreuther“ der heute in Grafenau fabriziert wird. Schmalzler deshalb, weil er damals mit Butterschmalz angerieben wurde (vgl. Straubing). Die Gilde der Nasenfutterfanatiker sang und singt gern das Schmalzlerlied, und, etwas angejahrt, besonders gern die Strophe:

Mia ham schon Weiber ghabt,
de ham des gar net mögn,
daß mia um d' Nasn rum,
so voll Duwak han gwen.
Uns hat des gar nix gmacht,
mia hams glei selber gsagt,
daß uns vui liaba is
a Pris Duwak.

Der Duwakwak, der Duwakwak,
der Duwak is mein Leben,
der Duwakwak, der Duwakwak,
der Duwak is mei Freid!

Dabei ist das Schnupfen gar keine so hagelbuchene Angelegenheit. Ganz im Gegenteil. Erfunden haben soll es die Katharina von Medici (1519–1589) als Medizin gegen Kopfweh – und es hat sich an den Höfen von ganz Europa ausgebreitet. Schnupfen galt als vornehm und war dem gemeinen Volk durchaus verwehrt. Friedrich der Große (1712–1786) besaß Hunderte von kostbaren Tabatieren und verteilte sie wie Orden. Napoleon (1769–1821) schnupfte ununterbrochen, und die Gemahlin von Georg III. von

England, Charlotte Sophia, nannte das Volk liebevoll „Snuffy-Charlotte." Ihre Hofdame, Lady Margaret Thompson, schnupfte sogar so leidenschaftlich, daß sie verfügte, ihren Sarg einst ganz mit Schnupftabak zu füllen.
Der englische Snuff ist ja von besonders feiner Art und duftet nach allen Wohlgerüchen des Abend- und Morgenlandes. Hunderte Sorten gibt es davon. (Deutschland lag mit 170 Sorten nach Großbritannien mit seinen vierhundert Sorten immerhin an zweiter Stelle.)
Das Schnupfen ist dann „heruntergekommen." Übers Militär und das Bürgertum bis zum Bauern und Arbeiter.
Das erzähle ich, weil es in Grafenau das einzige Schnupftabakmuseum der Welt gibt. Und da kann über die von der Schnupftabak-Historie hinterlassenen Utensilien nur gestaunt werden:
die Dose der Snuffy-Charlotte; ein Schafskopf aus einer schottischen Offiziersmesse als Tabakbehälter; eine Hochzeitsdose mit den zu Ringen geflochtenen Locken der Braut; eine Offiziersdose: Militärkappe; eine Pfarrersdose: Gebetbuch. Aus einer afrikanischen Snuffbox schießt beim Öffnen der Kopf einer Schlange hervor.
Lebensgroß sitzt das geschnitzte Markenzeichen des „Perlesreuther", bezipfelmützt auf der Reibbank und mörsert den Schmai mit einem schweren Stößel, so wie ihn die Alten von alten Firmenschildern her kennen. So eine Reklametafel hängt auch hier an der Wand und daneben eine indische, auf der der Tabak ganz genau so gerieben wird, in Madras also genau so wie im Böhmerwald.
Damit die Schau nicht platonisch bleibt, kann sich der Besucher an einer Schnupf-Bar bedienen und an die fünfzig Sorten mit Ingredienzien wie Thymian, Feigen, Zwiebeln, Veilchenwurzeln wenigstens erschnuppern.
Die Abteilung „Schnupfmaschinen" sollte man freilich als das etikettieren, was diese Spottgeburten sind: Verirrungen.
In Grafenau wird natürlich noch fest geschnupft. Nicht im „Säumerhof" oder im „Steigenberger Sonnenhof", sondern

beim „Kellermann." Speziell bei den Zusammenkünften des „Ritterwaldvereins", der die „Geselligkeit und den Heimatgedanken pflegt." Seine gestickte Fahne zeigt das wundersam zufällige Zusammentreffen dreier lange Zeit getrennter adeliger Brüder mitten im Wald, auf das sich die Gründung des Vereins beruft. (Dort steht jetzt die Brudersbrunnkapelle.)

Für jedes Mitglied steht in etlichen schweren Rahmen an der Wand des Vereinslokals schon zu Lebzeiten ein gerahmtes Platzerl bereit, das gleich nach seinem Ableben sein Konterfei aufnehmen wird – und man kann sich des Gedankens nicht ganz erwehren, daß die wackeren Ritter dafür an ihren Stammtischen geduldig ansitzen, Pris' um Pris', Halbe um Halbe.

Der Wartesaal zu den Ritterehren liegt am schmucken, steil ansteigenden Marktplatz der Stadt an der ehemaligen Guldenstraße, dem westlichen Zweig des Goldenen Steigs (von Passau nach Prachaditz). Er zeigt die Innbauweise, kam doch das Salz von dort über die österreichische Partnerstadt Schärding und mit ihm auch der „Innsbrucker Stil".

Schärding konkurrierte lange Zeit erfolgreich mit Passau. Die Säumer zogen über Vilshofen. Der Weg verlief über Albersdorf, Reitern, Garham, Eging, Kneisting, Schlinding, Entschenreuth, Sumpering, Hals, Gumpenreit, Eberhardsreuth, Ettlmühle, Stöcklholz, Gehmannsberg nach Grafenau. Und von da über Rosenau, Draxlschlag, Siebenellen, Guglöd, Waldhäuser zur Blauen Säule, mit 1197 Metern der niedrigste Sattel des Böhmerwaldkammes. Dort stand ein Galgen so über die Grenze, daß man hüben und drüben henken konnte. Darüberhalb führte der Pfad über Prüstling, Mader, Philippshütte, Innergefild, Haidl und Vogelsang zur böhmischen Partnerstadt Bergreichenstein.

Hinüber brachte man hauptsächlich Salz, aber auch orientalische Gewürze aus Venedig, Obst und Zitronen aus Italien, Tuche aus Bayern; herüber kamen Malz, Schmalz, Hopfen, Pelzwerk, Branntwein.

In einem Viereck von etwa zehn mal zwölf Kilometern gab es um die Güldene Butterstraße, wie sie auch hieß, vierzehn Burgen: Bärnstein, Schauenstein, Klebstein, Rammelsberg (die älteste Burg des Waldes), Lichtenberg, Schabenberg, Furth, Eberhardsreuth, Scharten, Saldenburg, Ranfels, Dießenstein, Bibereck, Englburg, Fürstenstein. Alle dienten sie dem Schutz der einkommensträchtigen Straße; die meisten sind heute kaum noch auszumachen. Kaiser Karl IV. erhob Grafenau 1376 zur Stadt. Eine goldene Zeit hub an. Erst dreihundert Jahre später ging's bergab. Und der Kupferstecher Ening schrieb:
„Ehedessen war Gravenau biß Anno 1639 ein wol und schön erbauther Orth. / Nachdeme aber solcher Saltz-Handel nach Regenspurg / vnnd nacher Passau transveriert worden / ist mithin alles Gewerb / vnnd Handelschafft von hier ab / daß also zum gantzen Trost / Einkommen / vnnd Bestreittung der vnempörlichen Außgaben / allein das weisse Präuhauß (so doch wegen Mangel der Reysenden vnd der Handelschafft schlechten Abgang hat) mit einem zimblich annemblichen Trunck / noch in Ubung verbliben / Der Feldbau ist von mittelmässiger Fruchtbarkeit / aber so eng vnd klein / daß das gesambte erbaute Getraydt kaum den vierdten Theil der Burgerschafft seinen nothwendigen Underhalt zugeben erkleckete."
1679 wurde das Inventar des Rathauses aufgenommen. In der Ratsstube waren vorhanden: „1 Ahorner Tisch, 1 Lainsessel, 3 alte Lainstüll, 1 langes Täfl, 3 Lain oder Fürpennkh, 1 alte lähr versprochene Truchen, mit drei schadhaften Schlössern, ohne Schlissl, 3 alt unzugerichte Doppelhäckhen, darunter einer versprengt, 20 alte Musqueten, 10 neue Panndtelier, 2 alte Trumblspüll, 1 Neuer Rimben zu anhengung der trumblen sambt 2 Trumelschlögel, bei 60 Claffter Lundten, 1 alte Fahnnen von Blab und weißen Senndl: so ganz verrissen und in festo Corporis Christi gebraucht würdet, 2 doppelt und 1 einfach beschlagene Geigen sambt 3 Führhanngschloß, 1 handt und 2 Fußscheln, sambt den

khetten, 2 aisene Rädln, so an Pfinzt Montag beim Wasservogl zum Väßl abstechen gebraucht werdem."
Der Aufschwung kam erst durch den Fremdenverkehr. Die schöne Lage an der Kleinen Ohe unweit von Rachel und Lusen brachte viele Besucher aus aller Welt hierher. Allen bekommt dies prächtig – nur Politikern scheint die Grafenauer Luft unzuträglich zu sein. So verschwanden bald nach einem hiesigen Besuch von der großen politischen Bildfläche der Amerikaner Henry Kissinger, der Südafrikaner B. Johannes Vorster und die deutschen Parteigrößen Kurt Georg Kiesinger, Willy Brandt und Helmut Schmidt. Nur einer überstand sogar mehrere hiesige Aufenthalte: Franz Josef Strauß. Bei dem greift wirklich gar nichts an.

8352 Grafenau, 8000 Einwohner, Auskunft 08552/2085
Topographische Karte 1:50.000 L 7146 Grafenau
Regen 31 km, Passau 41 km, Deggendorf 44 km.

Quellen: Peter Schmitt, Reinhard Raffalt, Hermann Wagner, Michael Reinartz, Georg Willeuthner, Rudolf Seidl.

HALS

Wiener Frauen

Widersprüchlich urteilten Zeitgenossen über den heutigen Stadtteil von Passau, der früher selber eine Stadt war: Hals. Joseph Waltl (1805–1888) schrieb 1839, die Stadt sei dermaßen „ausgezeichnet durch eine trübselige Lage, daß sich selbst die Ilz bedenkt, ob sie hineinfließen soll."
Zunächst neigt man der Annahme zu, der Dozent für Naturgeschichte an der Passauer Hochschule hätte dies aus schierem Konkurrenzneid geschrieben. Denn er entdeckte die eisenhaltige Heilquelle in Kellberg und wurde Begründer und Besitzer des dortigen Stahlbades, nur zwei Stunden (8 km) östlich von Hals, das selber ein Bad war und sich sogar Bad Hals nennen durfte. Aber das war später, 1892, da war Waltl schon vier Jahre tot.
Dem im Laubsägestil der Jahrhundertwende protzenden „Jägerhaus" sieht man die noblen Zeiten des Kneippkurortes mit der Wasserheilanstalt „Bavaria" heute noch an. Ein Wiener Arzt führte das Kneippen in dem moorhaltigen Wasser der Ilz ein, und die billige Kur in der romantischen Gegend zog vor allem die Wiener Gesellschaft an.
Was Wunder, daß akkurat hier der junge Franz Lehàr (1870–1948) eine Operette mit durchaus einschlägigem Titel schrieb. Am Gasthof Schilleder, damals „Hofwirt", erinnert eine Gedenktafel daran:

In diesem Hause komp.
Franz Lehar
1901 seine erste Operette
„Wiener Frauen"

Niemand mehr kennt dieses Œuvre; kein Lexikon nennt es.

Aber auch Pfarrer Sebastian Kneipp (1821–1897; vgl. Dillingen, Band 2) kam noch nachschauen, und vielleicht hat er hier Peter Rosegger (1843–1918) getroffen, der auch der Segnungen dieses „Luft-, Terrain- und Badekurortes" teilhaftig wurde.
Diese goldenen Zeiten sind vorbei; daran änderte auch der zweite Versuch mit der Eröffnung eines Kneipp-Sauna-Bades nichts. Nicht geändert aber hat sich der landschaftliche Reiz der Gegend mit seinen Attraktionen.
Die eine habe ich Joseph Waltl schon andeuten lassen, der nach der Feststellung, die Ilz fände das Hineinfließen nach Hals „nicht ratsam", fortfährt: Sie „geht fast eine kleine halbe Stunde wieder zurück bis zum Durchbruch. Hier ist der vorwärts und der rück- und doch auch vorwärts laufende Fluß nur durch einen schmalen Felshügel von einander getrennt und man suchte durch einen Tunnel beide Arme miteinander zu verbinden, damit das Triftholz einen Weg von einer Stunde erspart. Durch dieses von weitem unscheinbare Felsenloch spazieren jährlich 30.000 Klafter Holz, das in der Ilzstadt aufgefangen, hier auf Schiffe gebracht und auf eigenen Plätzen aufgerichtet wird. Zur Triftzeit ist die Ilz fast eine halbe Stunde von dem Rechen an viel Fuß tief mit Scheitern überdeckt".
In der Tat sieht es so aus, als sei die „schwarzäugige Tochter des Waldes", in der es übrigens noch heute Perlmuscheln gibt, vor dem Ort so erschrocken, daß sie erst einmal daran vorbeifloß, um ihn dann nach einer gewaltigen Schleife doch noch zu passieren. So deutlich wie auf der Karte sieht man dies in dem hübschen Städtel nicht. Nicht einmal, wenn man seine abenteuerliche Burgruine erklettert. Zwar merkt man da, daß der Fluß wohl einen Bogen macht, denn er liegt sowohl links als auch rechts drunten im Tal. Und im Ort kommt er sich selber sakrisch nah, aber man müßte schon ein Gewässerkundler sein, um aus dem Stauwerk da unten schließen zu können, daß zu so einer Höhendifferenz zwischen beiden Wasserständen doch wohl eine län-

gere Flußstrecke gehören muß. Es sind etwa zwei Kilometer.
Ein Jahr später als Waltl schreibt der Offizier und topographische Schriftsteller Maximilian Benno Peter von Chlingensperg (1793–1841) in seinem Buch „Das Königreich Bayern in seinen alterthümlichen, geschichtlichen und malerischen Schönheiten“ ganz anders über Hals:
„Den freundlichen Markt ziert eine schöne Wallfahrtskirche; er zählt 80 Häuser und 540 Einwohner, hat bedeutenden Flachsbau, eine Tabakfabrik und lebhaften Gewerbebetrieb durch die Nähe Passaus. Jeder Fremde der in Passau weilt, versäumt es nicht, unter den vielen höchst malerischen Umgebungen dieser Stadt auch das schöne Thal längs der Ilz, welches noch mehrere Ruinen einst stattlicher Ritterburgen zieren, zu besuchen. – Sehr interessant ist der eine halbe Stunde stromaufwärts durch den Felsen des Berges von 150 Schuh Höhe gesprengte, sogenannte Durchbruch. Die Ilz schlängelt sich längs ihrer Höhenufer in eine Serpentine, so daß die zwei Strömungen ein und desselben Flußbettes in Parallele geraten, jedoch durch jenen Felsberg getrennt sind. Durch diesen ist in eine Länge von 450 Schuh gewölbartig ein Stollen behufs des Holztriftens geführt. An der Seite des Triftkanals zieht sich ein schmaler Fußweg längs der Felswand durch diesen finsteren, schauerlichen Gang, in dem das Auge bei dem Eintritt nur in weiter Ferne einen Punkt des Tageslichts erspäht und jede Stimme vor dem wilden Tosen des eingezwängten Stromes verstummt.“
Diesen Geisterbahnschauder kann man leider nicht mehr erleben. Zwar führt der Weg immer noch durch den vier Meter hohen und breiten, 130 Meter langen Stollen, aber die Schleuse, die man schließen mußte um das Wasser hineinzuleiten, ist außer Betrieb. Der Spaziergang führt romantisch über einen langen, abgewinkelten Holzsteg in das Loch, eine kühle Wegabkürzung für die Leute, die von Unteröd nach Reut wollen oder umgekehrt. Dem Wande-

rer aber wird doch ein bißl unheimlich, wenn er sich vorstellt, daß da direkt neben ihm, bloß getrennt vom Eisenstangerl des Geländerhandlaufs, Baumstämme im aufschäumenden Wasser dahingurgeln.
Und warum? Dem Holz konnte doch ganz egal sein, ob es eine Stunde länger schwimmt, und Zeit hatten die Leute damals doch auch. Weshalb dann dieser sicher nicht billige Kanal? Nun, weil 30.000 Klafter Holz den Prallhang einer Wasserschleife ganz schön zurichten, und das Holz sich selber auch. Besonders bei hochgehendem Wasser, und dafür ist die Ilz berüchtigt. (Das Hochwasser von 1954 ist noch in schrecklicher Erinnerung.)
Vom Steg der Oberilzmühle (Wirtshaus) führt ein Fußweg mit schönen Ausblicken zur Burg Reschenstein hinauf. Sie ist jung. Auf den mittelalterlichen Ruinen baute sich ein geldiger Kommerzienrat aus Passau namens Stockbauer 1907 eine neue. Ein Drahtverhau umgibt das leer wirkende Bauwerk, aber die Leute finden doch ein Schlupfloch.
Den Berghang hinab geht es, schließlich am Hofbauerngut vorbei, nach Hals zurück und man weiß jetzt, warum es so heißt: Es liegt am Hals der zweiten Ilzschleife. Und war deshalb als strategischer Punkt eine Burg wert.
Diese akzentuiert den Ort auf das Wirksamste. Die Panduren des Franz von Trenck (1711–1749) haben genug davon übriggelassen, daß sich das Hinaufsteigen lohnt.
Zum Marktplatz herunten führten früher offenbar so schmale Gassen, daß man sie des neueren Verkehrs wegen aufstemmen hat müssen, denn die Hausecken von Bräuhaus- und Färbergasse sind abgeschrägt; ein Eck bis in den ersten Stock hinauf, wo der Pranger angebracht ist. Camouflage? (Die „Marktschänke“ gegenüber preist ein „Pranger Stüberl“ an.)
Zur Brücke hinaus führt am Pustethaus vorbei der Pustetweg und drüben hinab zum Friedhof mit der ehrwürdigen Achatiuskapelle. An ihrer Südseite befindet sich die Grabplatte des Buchhändlers und Bürgermeisters Anton Pustet

(† 1803), bei dem der Publizist Johann Evangelist Fürst (1784–1846) als Bub eifrigster Kunde war. Er schrieb: „Es sei mir vergönnt, auf das Grab des Mannes, der meine früheste Jugend vor Romangift bewahrte, ein dankbares Bekenntnis niederzulegen!" Dieser Fürst gab die „Bauernzeitung" und den „Obstbaumfreund" heraus und schrieb zahlreiche Bücher über Landeskultur, Landwirtschaft und Gartenbau. Sein Ziel war: „Das ganze Deutschland ein Garten." In seinem Buch „Über die Benutzung unserer Erde als Obstbaumfeld" schrieb er:

„Bayern ist von Natur zu einem romantischen Garten geschaffen, mit der Mannigfaltigkeit zahlloser Gestalten in Fluß, Aue, Feld und Wiese. Wir wollen ein irdisches Paradies daraus machen, welches von Fruchtbarkeit strotzt."

Ein anderes Buch trägt den Titel: „Der verständige Bauer Simon Strüf, eine Familiengeschichte, allen Ständen zum Nutzen und Interesse, besonders aber jedem Bauer und Landwirte in den Jahren zunehmender Teuerung ein Lehr- und Exempelbuch, worin sonnenklar gezeigt wird, wie der Ertrag des geringsten Gutes in kurzer Zeit außerordentlich erhöht werden kann, wenn die verschiedensten Zweige der

Wirtschaft nach den besten praktischen neueren Verbesserungserfahrungen betrieben werden."
Alle seine Werke verlegte der Sohn des wackeren Anton Pustet, Friedrich (1798–1882), der Gründer des weltberühmten Verlagshauses in Regensburg, dessen Sohn gleichen Namens (1831–1902) Zweigniederlassungen in Wien, Rom, New York und Cincinnati errichtete und der vom Vatikan den Titel „Typograph des heiligen Apostolischen Stuhles und der Kongregation der heiligen Riten und Indulgenzen" verliehen bekam.

8390 Hals, Stadtteil von Passau: 51.200 Einwohner, Auskunft 0851/51408
Topographische Karte 1:50.000 L 7546 Passau
Sehenswert: Dom (Orgel), Veste Oberhaus, Rathaus, Residenzplatz, Jesuitenkirche St. Michael, Wallfahrtskirche Maria Hilf, Abteikirche Niedernburg.
München 180 km, Nürnberg 225 km.

Quellen: August Sieghardt, Karl Bosl, Herbert Schindler, Gertrud Stetter, Gottfried Schäffer.

HEILSBRONN
Am Mittelpunkt Mittelfrankens

Eine Schülerin aus Brest (Bretagne) schrieb einen Brief „An die Stadt in Bayern, wo auf einer gotischen Kapelle ein Fachwerkhaus sitzt." Der Brief kam an. In Heilsbronn.

Das Spitalkapellenhaus dort ist wirklich eine einmalige architektonische Kuriosität, aber nur eine von vielen der zauberhaften Fachwerkbauten des Städtchens, ja der Gegend. Um sich auf Heilsbronn einzustimmen, schlage ich einen Bogen über etliche nördlich gelegene Nachbarorte vor.

Angehen tut es schon in Bürglein. Da gibt es die Rarität eines Fachwerk-Kirchturms; und draußen liegt die nobelidyllische Weihersmühle. Dann kommt das „Rote Roß" in Großhabersdorf mit seinem dreistöckigen Aufzugserker. Die hellen Häuser des wegen seiner guten Würste bekannten Dietenhofen an der Bibert klettern den Hang hinauf. Die bunte Kirchturmspitze hat vier Eckzipfelmützen und dazwischen klebt das Glockenstübchen. Eine Perle ist immer noch der sich aus der Tiefe hochstemmende Markt Roßtal: Das Ensemble um den kleinen Kirchenbezirk mit seinen beiden Pfarrhöfen sucht seinesgleichen. Der Höhepunkt all der Fachwerkherrlichkeit jedoch ist die Mühle von Ammersdorf!

So, jetzt aber nach Heilsbronn (Haholtesprunne, Halesprunne, Halesburon, Halsbrunnin, Hailsbrunnen, Haylsbronn) und *seinem* Fachwerk.

Da wäre der „Adler", das angeblich älteste Wirtshaus Deutschlands von 1241, damit Rivale des „Riesen" in Miltenberg (s.d.), der seinerseits den gleichen Anspruch des „Bären" in Freiburg (Breisgau) anficht.

Der Abenberger Hof. Der Klosterhof. Die Klostermühle, in

der einst jene „Leckkuchen" gemacht wurden, die als die berühmten Nürnberger Lebkuchen weiterleben. Das prächtige Klosteramts-Verwaltungshaus mit dem hier allgegenwärtigen schwarz-weiß geviertelten Hohenzollernwappen nebst Schalenbrunnen. Dieser bestand aus 300 Zentnern Blei und hatte zweiunddreißig Messingröhren. Was ihm zum Verhängnis werden sollte: Die Soldaten des Tilly (1559–1632) gossen ihn zu Kugeln um. Daß aus ihm heilkräftiges Wasser sprudelte, war ihnen wurscht. „Krafft und Würckung des mitten in dem Closter Heylsbronn befindlichen Heylbronnen" sind inzwischen ganz aus der Mode gekommen.

Klöster, Klöster, Klöster, wohin man schaut!

Das Kloster vom strengen Orden der Zisterzienser oder Bernhardiner war die Grablege des Adels der Nachbarschaft, der Abenberger, Herren des Rangaus. Ihr stolzer Spruch: „Hier liegt das Geschlecht derer vom Berge, dieses und kein fremdes!" hielt nicht ewig: Die Hohenzollern kamen und legten sich einfach dazu. Vierhundert Jahre lang. Der letzte fränkische war der Markgraf Georg Friedrich (1539–1603). Ein gewaltiger Mann. Er wog vier Zentner; sein Magen faßte zehn Liter! Seinem Gemälde an der Kirchenwand sieht man das an.

Es ist eines derjenigen, von denen der zwanzigjährige Wilhelm Heinrich Wackenroder (1773–1798; „Herzergießungen eines kunstliebenden Klosterbruders") meinte: „Die vielen uralten Gemälde von den Vätern der deutschen Malerei, die zum Teil zwar fehlerhafter, steifer und geschmackloser sind als die Versuche eines Schülers, zum Teil aber mit einer simplen, anspruchslosen Erhabenheit, durch den reinen Ausdruck der Natur in Gesicht und Stellung ohne Künsteleien und durch den edlen Faltenwurf in den Gewändern das Auge einnehmen." „Diese machen diese Kirche sehr sehenswert. Eine bedeutende weibliche Figur an einem Altar reizte mich am meisten. Außerdem hat die Kirche noch 24 Begräbnisse von ansbachischen Markgrafen,

wovon einige mit steinernen und schönen bronzenen Figuren und Zieraten ausgeschmückt sind; das gemalte Bildnis eines Markgrafen mit seinen zwei Gemahlinnen in Lebensgröße, mit vielen Zieraten umher; viele alte Basreliefs in Stein, worunter einige den ersten Anfang der Kunst verraten; viele Heiligenbilder von Holz usw. Dieses Reichtums an Antiquitäten wegen ist die Kirche sehr merkwürdig."
Den jungen Mann beeindruckte „die christliche Schlafkammer Frankens" in der „viel hochgemutes Denken und

Das Fachwerkhaus auf der Kapelle

Planen, Dichten und Trachten zur Ruhe kam“, die große Grabstätte der Hohenzollern, die größte nach dem Berliner Dom, gar wenig. Da liegen sie, vollplastisch auf ihren prächtigen Hochgräbern! Besonders demonstrativ wölbt der Zoller Joachim Ernst (1583–1625) seinen Embonpoint empor, offenbar auch nicht gerade ein Hungerkünstler. Die Fama posaunt seinen Ruhm hinaus.

Auch Albrecht Achilles (1414–1486; „Markgraf zu Brandenburg, des Heiligen Römischen Reiches Erzkämmerer und Kurfürst, zu Stettin, Pommern, der Cassuben und Wenden Herzog, Burggraf zu Nürnberg und Fürst zu Rügen“; 1. Markgräflerkrieg 1450–1451) liegt hier. Nicht jedoch sein Pendant Albrecht Alcibiades (1522–1557; 2. Markgräflerkrieg 1552–1553), die „Geißel Frankens“ (vgl. Lauf, Band 2 und Kulmbach), der in der Reichsacht in Pforzheim starb und dort auch ruht. In Heilsbronn hängt eine Gedächtnistafel für ihn, die den schwarzgeharnischten, rotbärtigen und sommersprossigen Markgrafen in seiner ganzen Mächtigkeit zeigt, den „streitbar berühmt Heldt, der umb die Freyheit teutscher Nation mennlich gestritten und darüber sein land und leuth, auch all sein Vermögen Leibs und Gutes gewagt“.

Wie bedeutend das Kloster einmal war, ersieht man daraus, daß alle Kaiser von Rudolf von Habsburg (1218–1291) bis Friedrich III. (1415–1493) hier Gäste waren. Aber sie werden kaum mit der kargen Kost der Mönche vorlieb genommen haben, die pro Tag mit einem Pfund Brot und Gemüse, einem halben Liter Wasser und einem Schoppen Wein auskommen mußten. Eine Lebensweise, die sich auch architektonisch im strengen Stil der Hirsauer Schule ausdrückt.

Ganz nah dem Stadtrand hat die Schwabach ihren Ursprung. Fast undemonstrativ quillt sie westlich der Straße nach Ketteldorf aus der Erde und empfiehlt sich von ihrem Geburtstümpel fast auf französisch durch ein Loch im Bahndamm.

Gleich östlich derselben Straße befindet sich der vom

Haustopographen des Bayerischen Rundfunks, Fritz Gebhardt (Jahrgang 1919), ermittelte Mittelpunkt Mittelfrankens.

8802 Heilsbronn, 7.500 Einwohner, Auskunft 09872/423
Topographische Karte 1:50.000 L 6530 Fürth und L 6730 Heilsbronn.
Sehenswert: Ortsbild, Münsterkirche
Ansbach 17 km, Nürnberg 25 km.

Quellen: Günther Schuhmann, Werner Dettelbacher, Rudolf Hake, Alfred Knoll, Werner Burger, Dorothee Kiesselbach.

IMMENSTADT

Vineta im Allgäu

Ein schäbiger Mauerrest auf der Höhe nordwestlich von Immenstadt ist alles, was von der Ruine Rothenfels, dem ehemals stolzen Schloß derer von Königsegg, übrigblieb. Einen umfassenden Blick auf den Alpsee hatte man natürlich damals schon. Und der Graf Leopold Wilhelm (1630–1694) konnte vom Fenster aus zuschauen, wie zu seinen Füßen, drüben in Bühl, die beiden von ihm in Auftrag gegebenen Kircherln entstanden.
Wie das Schloß Rothenfels damals aussah, vermeldet das Mittelfeld der Stuckdecke im Saal des Stadtschlosses auf dem Immenstädter Marienplatz, heute Städtische Bibliothek, also wochentags jederzeit besuchbar. Bilderbuchartig, umgeben von naiv-stilisierten Vögeln, Wolken und Bäumen, jagt ein Reiter mit Jagdhorn einen Hirsch; auf dem kindertümlichen Berg in der Mitte des Hintergrunds erhebt sich, baustöckelhaft, die Burg Rothenfels. Die zwei Bühler Kircherln schildert in herrlich falscher Perspektive die nördliche Kartusche. Eigentlich sind es ja vier, die miteinander durch Treppen, Bögen und gedeckte Gänge verbunden sind, denn unter der Pfarrkirche St. Stephan befindet sich die Salvatorkirche, und die Loretokapelle scheint nur der Chor der Annakirche zu sein. Das sieht für die Besucher alles in allem liebenswürdig-schlicht aus, und den wenigsten wird bewußt, daß sie sich in einem unglaublichen Ensemble befinden. Allein schon die unmittelbare Nachbarschaft von Heiligem Grab und Heiligem Haus dürfte auf der Welt einmalig sein. Die längst zerstörte Grabkapelle Christi in Jerusalem lebt ja in etlichen maßstabsgetreuen Nachbildungen fort, und gegenüber der wohl berühmte-

sten in Eichstätt (siehe dort, Band 1) wirkt die hölzerne in Bühl recht rührend.
Eine absolute Sensation aber stellt die Loreto-Kapelle dar. Sie ist der Santa Casa in Loreto bei Ascona genau nachgebildet.
Bei diesem „Heiligen Haus“ handelt es sich um die Heimat Christi in Nazareth, jenem Häuschen, in dem die Gottesmutter Maria aufwuchs und die Verkündigung erfuhr. Unmittelbar nach dem endgültigen Abzug des Kreuzfahrerheeres aus Palästina 1291 wollte es die Madonna nicht mehr in einem ungläubigen Land belassen. Sie ließ es von Engeln abtransportieren, und zwar zunächst nach Illyrien in die Nähe von Fiume, dem heutigen Rijeka. Nur drei Jahre taugte ihr der Platz. Dann spedierten ihre Engel das Haus nach Italien. Nach weiteren acht Monaten zog sie weiter, weil Räuber die Wallfahrer überfielen. Aber dann gerieten die dortigen Grundbesitzer, zwei Brüder, miteinander in Streit, so daß die umzugsfreudige Muttergottes ihr Haus hundert Meter weiter versetzen ließ, wo es heute noch steht, inzwischen von einer kostbaren Architektur umgeben, mitten in einer mächtigen Basilika.
Wen wundert es, daß Maria bei so vieler Luftfahrerei als Patronin der Flieger verehrt wird und neuerdings auch als Schützerin der Astronauten. Verblüffenderweise ist das reichgewandete Gnadenbild seit je einer Mondrakete nicht unähnlich.
Die Statue ist übrigens eine Kopie; das Original verbrannte 1921. Auch das Gnadenbild in Bühl ist eine Nachbildung, jedoch eine viel ältere. Das Erstaunlichste aber sind die Fresken, die im Original zu Loreto größtenteils zerstört sind. Wie sie einmal ausgesehen haben, hat uns ein unbekannter Künstler überliefert, der sie vor dreihundert Jahren dort kopiert und in die Bühler Kapelle übertragen hat, so daß, wer wissen will, wie sie einmal ausgeschaut haben, nach Immenstadt kommen muß.
Dem flüchtigen Besucher fällt dies alles ja gar nicht auf.

Von der Mesnerin erfährt er allenfalls, daß von den Seitenaltären der vorgebauten Annakirche sämtliche „Engerln", zwölf Putten, gestohlen worden sind, in einer einzigen Nacht.
Merkwürdigerweise wird die Madonna gern als eine Art Generalfeldmarschall oder Superadmiral verehrt. Wer sie auf seiner Seite hatte, gewann jeden Krieg. Beispielshalber die Seeschlacht von Lepanto. Drum hat man ihr in Bühl auch ein paar martialische Antiquitäten geweiht: ein türkisches Feldzeichen aus Roßschweifen, eine schwedische Fahne aus dem Dreißigjährigen Krieg und etliche Zeltstangen. Die stammen aus einem Schwedenlager ganz in der Nähe. Am südlichen Rand der Straße nach Lindau, an die hundert Meter weit vom letzten Haus Bühls, kann man auf einer mutwillig zertrümmerten Steintafel mühsam entziffern:

Schwedenbrunnen
Hier wurden 1632 die Schweden
in den Alpsee gesprengt

Eine andere Sage berichtet anderes:
„Ob das Eis im Allgäu auch so gut trage wie in Schweden, fragte ein Oberst einen Allgäuer, und ob man es wagen könne, den Weg über den zugefrorenen Alpsee zu nehmen. ‚Ganz gewiß', meinte der Gefragte, ‚ihr braucht bloß den rechten Weg zu reiten.' Dabei wies er sie in Richtung auf jene Stelle im See, die auch im kältesten Winter nicht zufriert. Den ‚Schwedenbrunnen' nennt man diesen Teil, seitdem jener Oberst mit vierzehn Mann darin ein nasses Grab gefunden hat." Der Alpsee bei Immenstadt, so meinen die Alten, heiße nicht von ungefähr so wie der Alpsee bei Füssen. Beide würden nämlich unterirdisch zusammenhängen. Und nicht nur sie: Auch der Niedersonthofener See und überhaupt alle Seen des ganzen Allgäus seien durch ein unterirdisches Meer miteinander verbunden. Dafür gäbe es Beweise:

Da wäre einmal jener Musikant, der oft zwischen Immenstadt und Füssen unterwegs war und zu einem ungewöhnlich guten Gehör noch überaus empfindliche Fußsohlen hatte. Der behauptete schlankweg, er brauche mit seinen Füßen nur den Wasserspiegel zu berühren, und schon höre er hier die Glocken von St. Mang in Füssen, dort die Aveglocken von Bühl.
Zum anderen tauchte ein riesiger Waller, der bei Bühl in einen Froschgraben geraten war und den ein Bauer mit der Misthacke erlegen wollte, was aber mißlang, bald darauf, samt Misthacke im Rücken, im Niedersonthofener See auf. Auch ein Fuhrmann, der im Rausch in den Alpsee geriet, wurde dort bei Martinszell ans Land gespült. Mann und Roß waren tot, der Wagen unbeschädigt, die Ladung fehlte. Die hatte sich, da herrscht kein Zweifel, der habgierige „Seetuifel" angeeignet, der in dem unterirdischen Meer haust. Er soll zu Lebzeiten ein ausgesprungener Mönch gewesen sein, der raubend und mordend durchs Land gezogen ist. Vielleicht aber war er jener, der die Leute der sagenhaft reichen Stadt Konstanza dazu brachte, vor lauter wohlhäbigem Übermut einen riesigen Käslaib als Götzen anzubeten. Der aber wurde schwerer und schwerer, versank erst langsam, dann immer rascher und riß schließlich die ganze Stadt mit in den Abgrund. Auf dem Grund des Alpsees soll es ruhen, das frevelhafte allgäuische Vineta namens Konstanza, an das noch die Konstanzer Aach erinnert.
In die mündet der vom Immemstädter Horn herabrauschende Steigbach. Das temperamentvolle, aber alles in allem friedliche Bacherl durchfließt Immenstadt und geriet einmal in seinem Leben, „am 28. Juli 1873 um ½ 6 Uhr früh", wie man am Gasthof Schwarzer Adler lesen kann, infolge eines gewaltigen Wolkenbruchs außer Rand und Band, stürzte durch die Fenster in die Häuser und auf der anderen Seite wieder hinaus, und riß alles mit sich in die Konstanzer Aach hinein und mit ihr in die Iller: Möbel, Tiere, Menschen.

Der Steigbach am 28. Juli 1873

Inzwischen aber watet der heilige Christophorus, wie man auf einem neueren Mosaik am Kirchplatz sieht, nicht mehr im Wasser, sondern im Straßenverkehr, der das Städtchen fast stranguliert. Besonders am Sonntag wälzt sich die Blechlawine in zwei Ästen durch den Ort, weshalb kaum jemand verweilen mag. Die Stadt braucht wirklich dringend eine Umgehungsstraße. Die Tafel draußen vor der Stadt, auf der dies „sofort" verlangt wird, ist auch schon lang nicht mehr neu. Dabei geht es in Immenstadt gemütlich zu, auch wenn das anheimelnde, schuppenartig schindelverkleidete Oberallgäuerhaus selten geworden ist und fast nur noch in den Dörfern ringsum zu finden ist, in Zaumberg oder Diepholz beispielshalber.

Immenstadt war einmal der größte Leinwandmarkt weit und breit: „Wyb und mann, die können alle trefflich spinnen, und es ist den Mannen nicht spöttlich." Neben den Spinnern gab es noch viele andere Handwerker und Gewerbetreibende, etliche davon in herzoglichen oder klösterlichen Diensten. Ein Heiratsregister um die vorletzte Jahrhundertwende herum vermerkt: Schullehrer, Landsknecht, Uhrmacher, Hofbäcker, Glaser, Maurer, Hofkutscher, Goldschmied, Hofmüller, Barbier, Küfer, Schreiner, Chorregent, Maler, Buchbinder, Gastwirt, Nagelschmied, Schneider, Zimmermann, Zinngießer, Büchsenmacher, Bäcker, Kramer, Sekretär, Drechsler, Rotgerber, Sattler, Schlosser, Heiduck, Hoffischer, Stricker, Hofkoch, Klosterknecht, Rentmeister, Reitknecht, Färber, Kupferschmied, Säckler, Wachszieher, Bedienter, Holzmeister, Kornmesser, Salzfaktor, Weißgerber, Haspelmacher, Kanzleiverwalter, Scharfrichter, Tagwerker, Hofschuster, Strumpfweber, Hoftafeldecker, Seiler, Weber, Hutmacher, Hafner, Lebzelter, Hofjäger, Wundarzt, Holzwart, Hückler, Ziegelmacher, Reitknecht, Glockengießer, Nagler, Apotheker, Fuhrmann, Ölschläger, Schönfärber, Hufschmied, Rechenmacher, Bräumeister, Blättersetzer, Schuhmacher, Metzger, Axenschmied, Senn.

Viele davon gibt es – Gott sei Dank oder leider – heute nicht mehr. Die Sennen freilich immer noch. Und die pflegen einen originellen Sport. Sie lassen sich auf der Alm einen Bart wachsen. Und wer hundert Tage später, beim Almabtrieb im September den längsten Biber hat, der wird Bartkönig. Dies ist eine ganz und gar interne Angelegenheit. Damit aber auch Auswärtige, besonders die vielen Touristen, sich in Immenstadt sportlich betätigen können, hat man sich dort etwas Extravagantes ausgedacht. Es ist allerdings erheblich anstrengender als das Sich-einen-Bart-wachsenlassen. Bei diesem Spezial-Triathlon sind hintereinander (!) drei Disziplinen zu absolvieren: ein anderthalb Kilometer langes Schwimmen im Alpsee, anschließend hundertzwölf Kilometer auf dem Fahrrad, nach denen nochmal deren fünfundzwanzig auf Schustersrappen beziehungsweise Laufschuhen herunterzustrampeln sind. Wie lange man, falls man überhaupt am Ziel ankommt, zu so etwas braucht? Nun, zwischen fünfdreiviertel und elf Stunden.

8970 Immenstadt, 14.000 Einwohner, Auskunft 08323/6371
Topographische Karte 1:50.000 L 8526 Immenstadt und „Allgäuer Alpen".
Sehenswert: Pfarrkirche, ehemaliges Schloß, Rathaus, Oberallgäuer Heimatmuseum, Modelleisenbahn am Bahnhof.
Sonthofen 7 km, Oberstdorf 19 km, Kempten 21 km.

Quellen: Wolfgang Haberl, Albert Bußjäger, Valentin Rolzhäuser.

KELHEIM

Verlogener Gasometer

Wer noch vor wenigen Jahren nach Kelheim fuhr, roch es schon von weitem. Besucher aus dem Norden vermerkten spöttisch, jene beiden Monumentlöwen bald nach Bad Abbach kurz vor der Eiermühle, hätten wohl soeben einen fahren lassen. (Es sind jene Löwen, deren heikelste Stellen gern mit Schockfarben angepinselt werden, was die Behörde dann mittels Sandstrahlgebläse wieder entfernt.) Aber den Schwefelwasserstoff verursachte die Zellwoll-Fabrik, im Dritten Reich errichtet, um Deutschland autark zu machen. Zellstoff als Wolle-Ersatz. Es hat damals einen einschlägigen Witz gegeben: Was ist der Unterschied zwischen Rußland und Deutschland? In Rußland herrscht der Bolschewismus und in Deutschland der Woll-Beschißmus.
Obwohl es stank (inzwischen stinkt es nicht mehr), kamen die Leute doch. Sie kamen wegen der Befreiungshalle, einem grotesken Bauwerk zu einem grotesken Zweck. Schon der Name dieses einem Gasometer so verzweifelt ähnlichen Tempels! Das Volk war denn auch gleich bei der Hand: Ich muß schnell auf die Befreiungshalle, sagte man noch in meiner Jugend gern, wenn jemand auf den Lokus mußte. Da hatte der gewaltige Wortbildner Ludwig I. (1786–1868) wieder einmal gewaltig zugeschlagen.

MOECHTEN
DIE TEUTSCHEN
NIE VERGESSEN WAS
DEN BEFREIUNGSKAMPF
NOTWENDIG MACHTE
UND WODURCH SIE
GESIEGT

Diese geschwollene Fußboden-Inschrift der Halle ist jedem nicht mehr allzu jungen Deutschen von der Schule her wohlvertraut.
Na, was machte ihn denn notwendig, den Befreiungskampf? Ich bin noch nicht dahintergekommen. Jedenfalls war es keine Volkserhebung, wie man uns suggerieren möchte, sondern eine Allianz von Fürsten, die den Napoleon loswerden wollten. „Den Bösen sind sie los, die Bösen sind geblieben." (Goethe) Und wodurch haben sie gesiegt, die Teutschen? Durch Verrat. Oder wie nennt man dies, wenn man acht Tage vor der entscheidenden Schlacht, die da in Kelheim immer noch glorifiziert wird, zum Feind überläuft? Taktik. Politik. Auch gut. Schofel ist es zumindest, zumal man dem Korsen das Königtum verdankt. Und was hat dann in der Schlacht Bayern für eine klägliche Rolle gespielt! Es sollte Napoleon den Rückzug nach Frankreich verlegen, was nicht gelang. Deshalb sagt man in München heute noch, der Feldherr Wrede in der Feldherrnhalle sei gar kein Feldherr gewesen. Aber vielleicht war dieser Karl Philipp von Wrede (1767–1838) zu anständig, dem ehemaligen Kampfgenossen seinerseits in den Rücken zu fallen.
„1813 waren die ‚Teutschen' allenfalls ein illusionärer Begriff, ebenso die ‚Teutschen Befreiungskämpfer'. Die achtzehn allegorischen Statuen an der Außenfront, die auf des Königs eigenen Wunsch die deutschen Stämme darstellen sollen, entsprechen ebenfalls nicht der geschichtlichen Realität. Es gab keinen ‚preußischen', auch keinen Stamm der ‚Österreicher'. Die ‚Franken' spielten längst keine politische Rolle mehr, dieser einst mächtige Stamm verteilte sich auf die verschiedenen dynastischen Gebilde. Die Befreiungskriege gewann eine europäische Koalition unter Einschluß von Großbritannien und Rußland" (Rudibert Ettelt). Und die Sachsen? Die Westfalen? Die standen nämlich auf der anderen Seite.
Es haben achtzehn Stämme sein müssen, weil die Be-

freiungshalle achtzehneckig ist. Und sie mußte so sein, weil die Völkerschlacht an einem Achtzehnten gewonnen wurde (16.–19. Oktober 1813). Sogar das Echo drinnen soll achtzehnfach sein; aber das traut sich vor lauter Ehrfurcht niemand auszuprobieren.

Die vierunddreißig „Viktorien" sollten selbstverständlich aus teutschem Marmor aus Tirol gehauen werden. Als sich freilich herausstellte, daß Carrara-Marmor trotz des weiten Wasserweges Genua-Rotterdam-Rhein-Ludwigskanal billiger kam, entschied sich der knickerige Monarch halt doch für das welsche Material. Er hat ja schließlich das „deutsche Pantheon" aus seiner „Privatschatulle" bezahlt, und es blieb bis zu seinem Tod sein Privateigentum.

König scheint doch ein recht einträglicher Beruf zu sein, denn als Ludwig 1799 nach Bayern kam, war er noch bettelarm.

Ob der „teutscheste aller teutschen Fürsten" es so gewollt hat oder nicht: So ein nationales Ungetüm hat seine eigene Schwerkraft. Die Befreiungshalle wurde nach 1918 zum Sammelpunkt rechtsgerichteter Verbände, von Antidemokraten, Radikalen, Chauvinisten. Schließlich prangte über dem Hauptportal Hitlers Hoheitsadler, und Nazi-Kolonnen marschierten im Gleichschritt die riesige Freitreppe hinauf, braune Raupen in zackigen Wellen.

Der alte Geist behauptete sich zäh. Noch in den fünfziger Jahren verbot die alte, umfangreiche Besuchervorschrift „das Eindringenlassen von Federvieh" und den „Aufenthalt auf der oberen Galerie bei Glatteis", stand vor dem Portal immer noch das riesige, ins Braun vergilbte Pappschild und rief „HUT AB!". Aber darüber war halt doch bereits im Unschuldsweiß der noch jungen Demokratie ein Zettel geklebt: „BITTE".

Einen Katzensprung vom Parkplatz zur Befreiungshalle nach Westen überquert der Keltenwall den Bergrücken und läuft bis ins Tal hinab. Der ganze Hienheimer Forst ist voll von Zeugen ältester Vergangenheit. Vorgeschichtliche Erzschürfstellen, ein Stück Limes. Bei der Hadrianssäule hört es auf:

Hier am linken Donauufer
beginnt der von den römischen
Kaisern Trajan, Hadrian u.
Probus in den Jahren 117
bis 282 n. Chr. gegen die
Teutschen angelegte bis an
den Rhein laufende Wall,
auch Teufelsmauer genannt

Ganz in der Nähe liegt die Einöde Haderfleck, nicht nach Hadrian benannt, sondern nach dem Waldgott Hodur, weshalb man die Waldleute auch Hodur- oder Haderleute nannte.
Die Römer brachten den Wein nach Kelheim. Ein Ortsteil heißt Kelheimwinzer. Seit dem Dreißigjährigen Krieg aber macht man Bier in Kelheim. Vorzügliches Bier. Karl Julius Weber (1767–1832) schreibt: „Das Städtchen braut auch ein berühmtes Bier, das sehr tückisch an mir gehandelt hat, und doch gab mir die sonst gefällige Kellnerin keinen Nachttopf. ‚Schauts der Herr, do is a Rinnerl', und dies Rinnerl sollte ich nachts auf einem langen Gang suchen?"
War es das Braune? Oder die berühmte „Schneider-Weiße", die dem Vernehmen nach vom Wasser eines unterirdischen Sees gebraut wird?
Seit zehn Jahren aber gibt es wieder Wein am Lehnberg. Die Fernsehjournalisten Fred Hepperlin und Werner A. Widmann knüpften eine Freundschaft mit Sulzfeld am Main, dortige Winzer setzten fünfzig Reben (mehr dürfen es gesetzlich nicht sein), und Bürgermeister Fritz Mathes pflegt ihn. Bei besonderen Anlässen wird er prominenten Gästen stolz vorgesetzt.
Kelheim (Keltege, Artobriga, Alkimoensis, Khelhamb, Cheleheim) war Bayerns erste Metropole. Die ehemalige wittelsbachische Hauptstadt läßt heute noch einen städ-

tisch klaren Grundriß erkennen, ein damals modernes, stark befestigtes Achsenkreuz. Daß Kelheim kein München wurde, liegt am rätselhaftesten Kriminalfall des Mittelalters, der auf einem der „Scheyerner Fürstenbilder" genau dargestellt ist: Ludwig der Kelheimer (1174–1231) sinkt erstochen nieder, während seine Gefolgsleute dem enteilenden Mörder nachsetzen. Sie haben ihn sofort niedergemacht, so daß der Fall nie geklärt werden konnte. Boshafte Bürger meinen, das sei ein Münchner gewesen.
An der Johanniskirche in der Wittelsbachergasse steht ein Steinkreuz: „Hier starb Ludwig der Kelheimer 1231", besagt die lateinische Inschrift, und im Tympanon über der Kirchentür steht: „Dieser Fürst ist hie von einem Narn erstochen worden". Und ein kleines eisernes Kreuz im Pflaster bezeichnet den Tatort. Der war damals eine Brücke. Der entsetzte Sohn Otto (II., 1205–1253) ließ sie abreißen, den Platz einebnen und verlegte die Residenz nach Landshut. Vom alten Herzogschloß (heute Landratsamt) steht nur noch der Stumpf des Bergfrieds.
In den Anlagen davor liest man auf einem Findling:

1705
Kelheim und der
Donaugau dem
Heldenbürger
Matties Kraus
und seinen
Mitkämpfern

1905

Der tapfere Metzgermeister (das Bild am Mittertor zeigt ihn) wollte wie viele Patrioten in der Zeit der österreichischen Besetzung lieber bayrisch sterben als österreichisch verderben und wurde deshalb „aus absonderlicher kaiserlicher Gnade" geköpft und gevierteilt, die Körperteile vor den Toren zur Abschreckung aufgehängt.

Das tat man damals gern: Gehängte blieben hängen, oft jahrelang – bis man halt wieder einen hinrichten konnte. In Kelheim geschah dies etwa alle zwei, drei Jahre.

Aus kaiserlicher Gnade gevierteilt: Matties Kraus

Aus der ungemütlichen Zeit stammt auch der „Kelheimer Hexenhammer", ein gräßlicher Fragenkatalog zur Vernehmung der armseligen Frauen.

„Wie offt sie ausgefahren? Vf wenn, vnd durch was sie hinauskhommen? Zue was Zeiten, Item obs sie vorn oder hinden gesessen? Was sie vor dem ausfahren für wort gesprochen? Ob es balt oder langsam von statten gegangen? Wan es finster gewesen, wie sie sich in der Luft erkhennen mögen, wo sie seye? An welche örther sie khommen, wie sie haissen? Wenn ein Tanz gewesen, was sie für spilleith gehabt? Ob nit bißweillen baar vnd par vf die seithen wischen und was sie bisweillen zu thuen pflegen? Mit wenne ein yedes Tannze vnd mit weme sie getannzt habe? Ob sie nit ainer vor der handt seye, deme man ehrerbiettung erweisen miesse, vnd was gestalten? Item ob er sitze oder stehe, vnd wie er beklaidt, auch wer er seye? Wie lange dieser Tannz wehre, vnd waß man alsdann anfange? Wie oft der Teifel im Jahr ausser den hexen Tänzen mit ihr vnzucht getrieben, an welchem Haus oder sonnsten? Ob zur nachts oder beim Tag geschenen? Wie sie ihne erkandt? Wie er claidt oder wie er sonsten ausgesehen?“ (Ausschnitt)

Übrigens: Hexenverfahren wurden erst 1813 abgeschafft. Durch Napoleon.

Der letzte Hafen des Ludwig-Donau-Main-Kanals, hundert Meter vor dessen Mündung in die Donau, dämmert als eine Art von Freiluftmuseum idyllisch vor sich hin. Ziehbrücke, Schleuse nebst Schleusenwärterhaus (entworfen von Klenze), Kräne und Lagerhaus, alles ist noch da, wenig gebraucht, wie man weiß.

Sein Nachfolger liegt draußen bei Affeking. Dort ist von Osten her Endstation. Vom Westen reicht ein Kanalteilstück schon bis Gronsdorf. Wann die beiden Enden zusammengeführt werden, ist noch nicht abzusehen. Am alten Hafen finden sich Aufkleber: „Ja zum Main-Donau-Kanal!“

„Weißbier ist das älteste Bier der Welt“, hat der Münchner „Weißbier-Professor“ Ferdinand Erling (63), der ehrenamtliche Leiter des Brauereimuseums, herausgefunden. Schon vor 3000 Jahren wurde es in Bayern gebraut. Bei Ausgrabungen fand man Weizen-Maische.

Im Mittelalter war Weißbier so beliebt, daß wegen Weizenmangels zeitweise kein Brot gebacken werden konnte. Ludwig der Strenge ließ daher 1293 das Brauen „weißer Biere" verbieten. Da wurde das Weißbier eben schwarz gesotten. Später rissen die Wittelsbacher das Weißbier-Brau-Privileg an sich und finanzierten mit dem Durst der Bayern ihre Kriegszüge.

Die Straße von Kelheim nach Landshut hieß damals „Weiße Bierstraße". Erst mit der Erfindung der Kühlung im letzten Jahrhundert wandelte sich der Geschmack Richtung untergärige Biere.

(Bericht aus der „Abendzeitung", Februar 84)

8420 Kelheim, 14.200 Einwohner, Auskunft: 09441/3012
Topographische Karte 1:50.000 Naturpark Altmühltal Blatt Ost
Sehenswert: Stadtmuseum, Befreiungshalle, Klosterkirche Weltenburg, Donaudurchbruch, Schulerlochhöhle.
Regensburg 26 km, Ingolstadt 51 km.

Quellen: Werner A. Widmann, Rudibert Ettelt, Herbert Schindler, Alois Joseph Weichselgartner, Hans Dollinger.

KÖTZTING
Gerittene Frömmigkeit

Die Besonderheiten des biederen Städtchens Kötzting sind schnell aufgezählt: Es gruppiert sich um sein Gotteshaus herum, einst Wehrkirche, von deren Mauern und Türmen sich erhebliche Teile erhalten haben. Dieser alte Teil entlang dem Weißen Regen ist, zusammen mit dem idyllischen Kammacherhaus und einem neuen, gedeckten Steg, sein romantisches Prunkstück. Mitten auf dem langen Marktplatz wuchtet sich ein Betonkaufhaus empor. In ihrem Reiseprospekt läßt die Stadt deutlich Kurbadambitionen erkennen. Das doch eher rauhe Klima des Böhmerwaldes umschreibt man darin mit „keine Belastung durch hohe Temperaturen" und auch die Nackerte, ohne die werbetechnisch auch in der tiefsten Provinz nichts mehr geht, hat sich gefunden: Sie schüttet sich einen Kübel Wasser über den bodenständig robusten Körper. Inzwischen fahren die da hinten halt auch auf jeden Schmarrn ab, den sie in den Medien aufschnappen können. Die „Singende Wirtin" von Weißenregen beispielshalber empfiehlt ihr Etablissement, „das Gasthaus-Café-Pension Zur Klause mit Franzl's echt bayerischer Schmankerlküche", folgendermaßen: „Unser Haus unterliegt einer positiven Erdstrahlung, die den Urlaubsgast und Erholungssuchenden von mancherlei Beschwerden bzw. Krankheiten, wie Rheuma usw., befreit oder die Schmerzen stark lindert. Dazu bieten wir Ihnen Teekuren aus Pflanzen von eigenen, ungedüngten Wiesen. Tanken Sie viel von unserer reinen, ozongeladenen Luft, durch unsere, auf Wunsch täglich durchgeführten, wunderschönen Kutschenfahrten durch den herrlichen Bayerischen Wald."

Das an sich gestandene Wirtshaus steht direkt neben der

Wallfahrtskirche Mariä Himmelfahrt auf dem Kühberg. Vielleicht waren es damals schon Erdstrahlen, mittels derer das Gnadenbild auf dem Hochaltar seine heilsamen Wunder wirkte? Alten Bildern nach tat sie es von einem Baum aus. Viele kamen und brachten silberne Votivhände, -füße, -herzen, -augen, -brüste dar. Hunderte davon sind im Presbyterium aufbewahrt.

Diese frommen Gaben armseliger Kranker findet man immer häufiger in den Auslagen der Antiquitätenläden. Ja, wissen denn diese Leute nicht, was diese Gliedmaßen bedeuten? Aber: wo keine Nachfrage, da kein Angebot. Wie dick ist eigentlich die Hornhaut auf der Seele jener Leute, die Erinnerungsstücke an Krampfadern, Hautausschläge, Star, Herzinfarkt und Brustkrebs in ihren Wohnungen aufhängen?

Berühmter jedoch als die wundertätige Madonna ist die Schiffskanzel. Sie „schwimmt" auf einem See, in den der Walfisch soeben den Propheten Jonas spuckt. Zwei Fischer werfen ein aus echten Seilen geknüpftes Netz aus, die Kanzelstiege hinab läuft ein Bach, aus dem ein Krebs seine Schere streckt, der hölzerne Handlauf ist ein geschnitztes Schiffstau. Und mir erscheint der aus dem Schalldeckel herausschwebende Engel als die Vorausahnung eines Drachenfliegers.

Viel berühmter als Weißenregen ist ein viel bescheideneres Kircherl im Zellertal, in dem ein paar liebenswürdige Kapellen stehen, noch einige Waldlerhöfe sich trutzig der Renovierungswut ringsum entzogen haben, ja der ganze Weiler Leckern deshalb vom Landesamt für Denkmalspflege zum einzig schützenswerten Ensemble des ganzen Landkreises ernannt wurde.

In diesem Tal steht das Kirchlein von Steinbühl, dem Pferdeheiligen St. Nikolaus geweiht. Was man bis vor wenigen Jahren an der mit neunundzwanzig uralten Hufeisen beschlagenen Kirchentür ablesen konnte. Die hat man jetzt, aus Angst vor Andenkenjägern, ins Kircheninnere verlegt.

Steinbühl ist alljährlich zu Pfingsten Ziel der bedeutendsten Bittprozession zu Pferde von ganz Europa. Am „Pfingstritt", dem „ältesten kirchlichen Heimatfest des Bayerischen Waldes", nehmen an die sechshundert Pferde teil, aufgeputzt mit Rosenketten, Spitzennetzen und buntfarbenen, in Schwanz und Mähne eingeflochtenem Bänderwerk.

Umritte dieser Art finden sich in Bayern öfter, gern an den Festen der Bauernheiligen Leonhard und Georg. Sie beruhen auf heidnischen Elementen: Pferd und Umkreisen. Das Pferd galt als „Mitwisser der Götter", was dem christlichen Glauben nicht behagen konnte. Man vereinnahmte den Kult einfach durch die Pferdeweihe, womit das Roß alle anderen Haustiere vertritt. Durch das Umkreisen der Flur mit Pferden wird Segen über die Felder gebracht.

Der Kötztinger Pfingstritt, den man inzwischen alle Tage um elf Uhr mechanisch als Glockenspiel am Rathaus erleben kann, geht der Legende nach auf ein recht simples Ereignis im Jahre 1412 zurück. Der Pfarrer, nachts zu einem Sterbenden nach Steinbühl gerufen, traute sich nicht allein, wurde von etlichen Burschen begleitet und kam auch wieder unbehelligt zurück. Gar wenig bedarf die Volksfrömmigkeit für ein prachtvolles Fest!
Naturfreunde steigen auf den Kaitersberg. Die fünfstündige „Hochtour" zum Gasthaus Eck führt den zerklüfteten und dichtbewaldeten Bergrücken entlang, Kreuzfelsen, Mittagstein und Riedelstein sind Aussichtspunkte. Dazwischen liegen großartige Granitfelsgebilde mit steilen Wänden, finsteren Schlünden und zerrissenen Gesteinsmassen: „Steinbühler Gesenke" und „Rauchröhren". Und die Heiglhöhle.

Im Wald, am Kaitersberg, bumbum,
Da geht der Räuber Heigl um,
Er luhrt auf Weiber und aufs Geld,
Das ist ihms Liebste auf der Welt.

Der Heigl Michl (1816–1857), Inhäuslerssohn aus Beckendorf, hauste dort als ein waldlerischer Robin Hood:

Am Kaitersberg, auf einem hohen Felsen
Hat einst der Räuber Heigl ghaust,
Der hat der Reh und Haserl viel erschossen,
Ihn hat vor keiner Kugel graust.
Den armen Leuten hat er nichts getan,
Der Heigl war kein böser Mann.

In dunkler Nacht fingen ihn die Soldaten
Und sind mit ihm zum Gericht geeilt;
In Straubing drin die Richter hatten
Ihn gleich zum Tode verurteilt.
O Richter, was habt ihr getan,
Der Heigl war kein böser Mann.

Der König hat es nicht geduldet,
Daß man ihm gleich den Kopf abschlug.
Er sprach: „Was hat er denn verschuldet,
Sperrt ihn halt ein, das ist genug.
Ich bin der König, ich glaube dran,
Der Heigl ist kein böser Mann.“

Die Gnade des Königs war lebenslängliche Kettenstrafe. Ein Strafgenosse hat ihn im Streit erschlagen. Sein Skelett konnte man in der Münchener Anatomie besichtigen. Es wurde 1944 bei einem Luftangriff zerstört. „Der Heigl is zwoamal gstorbn“, sagen die Waldler.

Am Fuß des Kaitersberges wohnt in Grafenwiesen ein Fast-Heigl-Nachfahre, der Jager-Wiggerl, der Ludwig Volkholz, dessen Name schon einmal in München und in Bonn aufhorchen ließ. „Genau genommen hat Volkholz niemals aufgehört, eine Figur der bayerischen Nachkriegspolitik zu sein, ob er nun im Landtag, Bundestag, Gefängnis oder Exil saß“, resümierte die „Süddeutsche Zeitung“.

Der aus Würzburg stammende Revierförster von Watzlsteg war Mitbegründer der Bayernpartei, forderte in Bonn die Besteuerung von Lippenstiften und in München das Verbot von Damenringkämpfen sowie die Herabsetzung der Schnupftabaksteuer. Als Wahlkämpfer verteilte er Zettel: vorn Maria mit dem Jesuskind, hinten sein Ältester mit Kommunionkerze und der Wahlspruch: Wählt Volkholz. Wenn je jemand kein Blatt vor den Mund nahm, dann der fränkische Querulant auf seinen Wahlversammlungen. Die Folge: ein Wust von Verfahren wegen übler Nachrede, Verleumdung, Beleidigung, falscher Anschuldigung. Resultat: Aufhebung der Immunität, Haftbefehl. Da wanderte der Jager nachts über die verschneite Grenze nach Österreich. „Das Symbol für Trutz, Treue und bayerisches Märtyrertum“ (Der Spiegel) kam freiwillig zurück und brummte in Straubing zehn Monate ab. Die Bayernpartei feuerte ihn. Da vermehrten sich im Wald plötzlich die FDP-Stimmen

auf wundersame Weise. Rache der Volkholz-Fans für den Verstoßenen. Der gründete in Kötzting einen FDP-Kreisverband, kandidierte als Bürgermeister von Voggendorf und wurde glatt gewählt. (Seiner Idee, von Durchreisenden Pflasterzoll zu erheben, versagte das Landratsamt die Billigung.) Bald zerstritt er sich auch mit seinen neuen politischen Freunden, kehrte zur inzwischen zur Bedeutungslosigkeit abgesunkenen Bayernpartei zurück und wurde deren stellvertretender Landesvorsitzender. Seine Wiederwahl in Voggendorf machte eine „von der CSU inspirierte" Wahlrechtsänderung unmöglich: Kommunale Wahlbeamte durften von jetzt ab nicht vorbestraft sein. Der Paragraph traf in ganz Bayern nur einen: Volkholz. „Das war", sagte er, „die größte Gemeinheit seit der Ertränkung von König Ludwig II."
Er brachte diese „Lex Volkholz" auf seine Weise zu Fall: An seiner Stelle kanditierte seine Frau Paula. Mit überwältigendem Erfolg. Ludwig wurde Gemeindeschreiber und Ehrenbürger. Vier Jahre später gewann die Frau, die sich mit dem Erzherzog-Johann-Jodler („Wo i geh und steh, tuat mir mei Herz so weh ...") in die waldlerischen Herzen sang, eine weitere Wahlschlacht: Sie wurde die erste und einzige Landrätin Bayerns!
Das Schlußkapitel schrieb die bayerische Gebietsreform. Paulas Landkreis Kötzting ging in dem Großlandkreis Cham auf. Voggendorf kam zu Grafenwiesen. Und das ganze Gebiet von Niederbayern zur Oberpfalz.
Alle vier Jahre grantelt Ludwig Volkholz übers Fernsehen erfolglos für eine CBV (Christlich Bayerische Volkspartei) und fordert: Ausländer raus!
Bei so viel Wald ringsum wird sich niemand über die größte Zündholzfabrik Bayerns in Grafenwiesen wundern.
Aber: Fichtenholz kann man für Streichhölzer gar nicht brauchen, und so müssen die dafür geeigneten Pappeln erst hierher transportiert werden, bevor sie auf Zündholzstekkerllänge gebracht, mit Reibköpfen versehen und in ihre

hübschen Schachterln verpackt werden. Alles mechanisch, versteht sich. 300.000 Schachterln mit je 40 Hölzeln verlassen täglich die Firma; die Jahresproduktion reicht leicht einmal um unseren Globus herum.
Die älteste und stärkste Linde Bayerns steht in Ried am Haidstein, dem Kaitersberg sozusagen gegenüber. Das hohle, einzigartige Naturdenkmal mit seinen fünf Metern Durchmesser und sechzehn Metern Umfang diente vor hundert Jahren einem Flickschuster nebst Familie als Notunterkunft und heißt Wolframslinde. Zum Gedenken an den Minnesänger Wolfram von Eschenbach (1170–1220; vgl. Wolframs-Eschenbach), der auf dem nahen Haidstein an seinem Parzival gearbeitet hat. Statt der Burg steht da oben jetzt eine Kirche.
Merkwürdige Vorstellung, daß die Linde, als der Minnesänger vor achthundert Jahren hier weilte, schon zweihundert Jahre alt war! Und daß sie seitdem rund sechshunderttausend Mal um zirka vierzig Zentimeter angehoben worden ist. Durch die Gravitation des Mondes. Dies hat die Laserkanone von Wettzell herausgefunden.
Wettzell liegt etwa fünf Kilometer südöstlich von Kötzting.

8493 Kötzting, 6800 Einwohner, Auskunft 0 99 41/89 21
Topographische Karte 1:50 000 Naturpark Oberer Bayerischer Wald, Blatt Ost
Viechtach 15 km, Cham 23 km

KRONACH

Die eigene Haut unterm Arm

Von einer Anlage an der Kolpingstraße aus hat man den „schönsten Blick" auf die „sich in drei Stufen aufbauende Stadt". Der Blick ist vom Fremdenverkehrsprospekt her bekannt. Der brave Maler Gustav Lüttgens oktroyiert einem da in bewährter Malerwinkel-Tradition ein Bild auf, dem die Wirklichkeit nicht gerecht wird: Den Turm möchte ich wissen, von wo aus er das Stadtporträt gemalt hat! Oder ist er auf einen Baum gestiegen?

Macht nichts. Im höhern Sinn hat er recht: Kronach ist nicht so verhockt wie es zunächst aussieht, seine Dreistufigkeit ist imponierender. Doch dazu muß man sie mit den Füßen abmessen.

Die das breite Wehr herabrauschende Haslach wird nur ein paar hundert Meter weiter die Kronach aufnehmen und bloß einen Kilometer danach in die Rodach münden. Eine kurze Bekanntschaft.

Alle drei zusammen aber schieben schon fest an, und das ist auch nötig, denn etwa in der Gegend des Malerwinkels war schon einmal der Hauptsammelplatz des Floßholzes für das Haslachtal; die Flöße kamen von hier aus, sozusagen ganz von selber via Main (bis zum Roten Main sind es bloß noch fünfzehn Kilometer) und Rhein, bis nach Holland. (1488 haben drei Kronacher Holzhändler 83 Eimer Bier mitgenommen.) Wie diese Flößerei zugeht, demonstriert jedem, der es genauer wissen will, das Flößermuseum in Marktrodach (5 km).

Schon die Kronacher Vorstadt kann sich sehen lassen: Da ist die Ecke Bienen-/Klosterstraße mit dem Goldenen Hirsch und ein Stück weiter das von der Säkularisation als „Aussterbekloster" verschonte „Kloster der Oblaten der

Unbefleckten Jungfrau Maria" (seit 1927) mit einer sehenswerten Kirche.
Aber jetzt hinüber über das Flüßchen, wo man die Schwedenstraße entlang auf die fast vollständig erhaltene Stadtmauer stößt. Storchenturm oben, neue Büttelei unten: Da zieht es einen direkt hinein ins Pförtchen mit der himmelstürmenden Stiege dahinter!
Aber da vorn ist das einzig noch erhaltene Tor, auch Haupttor, Bamberger Tor, Haßlacher Tor, in dem noch das Holztor hängt, mit Schlupftürchen und Fugeloch, groß genug um Botschaften herein und Bierkrüge hinaus zu reichen. Denn wenn vom Oberen Torturm die Wein- oder Schlafglocke geläutet wurde, mußten die mindereren Vorstädter die innere Stadt verlassen und die Tore wurden geschlossen.
Ein paar Schritte weiter fällt dem, der es weiß, eine Fläche von etwas röteren Steinen in der hohen, hier aber nur einteiligen Stadtmauer auf. Da haben die Schweden nämlich bereits eine Bresche geschlagen gehabt.
„Aber wir säumten nicht", schreibt weiland der Bürgermeister Hans Nikolaus Zitter, „sie mit Pflastersteinen, welche unser Weibervolk haufenweise herbeitrug, dermaßen zu empfangen, daß sie haufenweise hinunterfielen und viele ihre blutigen Köpfe auch sonst nicht weit trugen." Das Weibsvolk schleppte auch heißes Wasser, Öl und Pech herbei und schüttete es den „Schweden" auf die Köpfe. Was Wunder, wenn einer von ihnen meinte, „die Kronicher seint wie die teuffel".
Daran erinnert die Steintafel rechts unterm vierten Fenster:

> Anno 1634 den 21. Marty.
> Diese Mauer nimm in acht,
> da mit einer großen Macht
> von Herzog Bernhard von Weimar
> die Bresch allhier geschossen war.
> Drauf Sturm geloffen, doch Gottes Gnad
> den Burger Sieg verliehen hat.

Dafür hat der Fürstbischof der Stadt eine goldene Amtskette verliehen. Übrigens die erste und lange, lange Zeit die einzige Bürgermeisterkette Deutschlands.
An vierzig in der Schenkungsurkunde aufgeführten Feiertagen mußten die Bürgermeister die Kette tragen. So viele gibts heute nicht mehr. An einem Tag aber trägt er sie auch heute noch voller Stolz: am Sonntag nach Fronleichnam bei der Schwedenprozession, bei der die Frauen den Männern vorausgehen im ehrenden Andenken an die tapferen Frauenzimmer von damals.
Die sensationelle Bürgermeisterkette (an deren Medaille als Sinnbild des kurz zuvor geschlossenen Friedens eine goldne Taube hängt) hatte, sicherlich ihrer damaligen Einmaligkeit wegen, noch eine zweite im Gefolge: Der spätere Kaiser Joseph I. (1678–1711) versprach sie anläßlich eines Besuches 1702. Aber erst 42 Jahre später bekam sie die Stadt auch tatsächlich, vier Jahre nach dem Tod Karls VI. (des Vaters der Maria Theresia), der das alte Versprechen tatsächlich noch eingelöst hatte.
Auf dem Marienplatz mit seinen gestaffelten Anlagen trifft sich die Jugend. Da sieht man das schönste Haus Kronachs, jenes des Floßherrn und Magistratrats Johannes Dümlein (Schwedenstraße 1) und um die Ecke die „Kranckerey“ des Johann Dientzenhofer, das Spital. Ein gemütlicher Spaziergang entlang des Stadtgrabens und die Kehre herum den Strauertorweg hinauf läßt den Besucher in mehrere Ah-Rufe ausbrechen angesichts bildsauber renovierter altfränkischer Fachwerkhäuser, Lehlaubenturm und gedecktem Fußweg-Wehrgang.
Dann steht man am Scharfen Eck des Melchior-Otto-Platzes. Das Scharfe Eck hat ein Steinmetz schräg ausgemeißelt, um übers Eck kundzutun, daß hier Lucas Cranach (1472–1553) auf die Welt gekommen ist. Was nicht stimmt.
Die ersten dreißig Jahre des Malers liegen völlig im dunkeln, und man weiß nicht einmal seinen Namen. Sonder? Sunder? Müller? Hieß sein Vater Hans Maler? Der wohnte zu

der Zeit oben am Marktplatz in dem schönen Fachwerkhaus (Nr. 1), dem somit wahrscheinlicheren Geburtshaus des Lucas. Erst mit dreißig nahm er den Namen seiner Heimatstadt an (1102 Crana, 1122 Chrana, 1386 Cranach), in Wien, wo er mit dem jüngeren Albrecht Altdorfer (1480–1538) die Donauschule begründete. Der „Maler der Reformation", der das „eigentliche Lutherbild" schuf, war in seinen frühen Werken ein Maler, der, in der Nachfolge von Giotto (1266–1337), revolutionär die Heiligen auf die Erde herunterholte und zu Randerscheinungen der Perspektive und Natur, zu Menschen wie du und ich degradierte. Unerhört seine Kreuzigung (1503; Alte Pinakothek München), von der Richard Hamann (1879–1961) schreibt:
„Die drei Kreuze, das des einen Schächers vom Bildrand überschnitten, das des anderen mit einer Gestalt körperlicher und seelischer Verkommenheit und das Christi ganz mit unfeierlicher Perspektive in die Tiefe gestellt, bilden hart am Rande eines Abgrundes einen abgeschiedenen Winkel, in dem sich Maria und Johannes händeringend besprechen. Düstere Wolken am Himmel und ein entlaubter Baum nehmen an der Szene teil. Landschaft, Raum und Menschen gehen malerisch ganz zusammen und füllen sich mit menschlicher Seele.
Die Heiligenlegenden und Martyrien verlieren alles Wunderbare durch den Zusammenhang mit der Landschaft. Es ist einfach Geschehen, auf den menschlichsten Ausdruck gebracht. Geschehen ohne Vorbindlichkeit des Sterbens und ohne himmlische Verklärung, einbezogen und umhegt von wechselvollem Leben der Natur und dem schicksalsträchtigen Rhythmus von Tag und Nacht und der Jahreszeiten."
Cranach malt 1509, das erste Mal in der nordeuropäischen Kunst, eine dralle Venus nebst Amor, zehn Jahre später dann jene langbeinigen, kleinbusigen Frauen, kapriziös und lasziv sich präsentierende Nackte. Manieristisch, wie dann der Sohn gleichen Namens weitermacht. Zwiezipfel-

Lucas Cranach d.Ä.: Kreuzigung

bärtig, wie ihn dieser Lucas Cranach der Jüngere (1515–1586), den Hamann in seiner „Geschichte der Kunst" gar nicht erst erwähnt, den Vater abkonterfeite (das Bild galt lange als des Älteren Selbstporträt), begegnet man dem Großen Sohn der Dreiflüssestadt vor und im neuen Rathaus, in Bronze und auf einer recht hintersinnigen Collage.

Mitten auf dem Melchior-Otto-Platz steht die Ehrensäule, deren Wappenbekrönung zwei anscheinend flotte Herren flankieren. Ungefähr so sind wir als junge Stenzen flaniert, den Trenchcoat lässig unterm Arm.

Die Metapher gerinnt zum Entsetzen, wenn man erfährt, daß das zwei Geschundene sind, die da oben so elegant die eigene Haut buchstäblich zu Markte tragen. Sie stehen als Schildhalter da, stellvertretend für fünf tapfere Bürger, den Kupferschmied Lorenz Papstmann, den Wirt Hans Fiedler, den Spitalknecht Bertold Höfles, den Hafner Dietrich Reiff und den ledigen Bürgersohn Rochus Körner. Diese machten 1632 einen beherzten Ausfall gegen die von einem Obristen Muffel geführten schwedischen Belagerer und „vernagelten seine Geschütze, verweilten aber zu lange, wurden vom Feinde gefangen, vom Hals bis auf die Fußsohlen lebendig geschunden. Nach des Feindes Abzug fanden wir auch diese Personen im Felde eingegraben, ihre Schamteile waren zerfetzt, der des Bertold ganz abgeschnitten“, erzählt Hans Nikolaus Zitter. Die fünf ruhen jetzt hier: drei unter der Säule, zwei unter dem Kreuz davor im Pflaster.

Auf das gediegene Ensemble des Platzes drücken die zwei Schulhäuser von 1863, seinerzeit sicherlich das modernste vom Modernen, heute altmodischer als alle die viel älteren Gebäude drum herum.

Dahinter: Pfarrkirche St. Johannes mit dem „schönsten Portal dieser Zeit in Franken“ (1498), das auf beiden Zwingmauern hockende „Baurätsel“ der Annenkapelle, in der eine mächtige gedrehte Säule zwei Schiffe und zwei verschieden tiefe Joche trennt, und der stattliche Pfarrhof, wo im nordwestlichen Zimmer des Obergeschosses einmal Napoleon (1769–1821) wohnte.

Der erlaubte sich gegenüber seinem Hausherrn, dem Pfarrer Molitor, einen Scherz mit der Frage, wie alt denn seine Frau sei. Der Geistliche war so perplex, daß er, auch als man ihm bedeutete, der Kaiser meine natürlich seine Pfarrkirche, nur ein verlegenes „ich weiß es nicht“ herausbrachte. Dabei hatte er sicher schon tausendmal die Jahreszahl 1558 oben am Turm gelesen! Der Korse meinte darauf spöttisch: „Nicht gut, wenn der Mann nicht weiß, wie alt seine Frau ist.“

Napoleon gab andern Tags die Orders für die Doppelschlacht bei Jena und Auerstädt. „Wenn wir in achtundvierzig Stunden hier nicht zurückkehren, so sind wir in vierzehn Tagen in Berlin.“ Sprachs und sprengte so vehement davon, daß ein von den Hufen seines Schimmels sich lösendes Eisen hoch in die Luft geschleudert wurde. Das ist gewiß und wahr, denn es hängt heute noch da oben, unterm Dach der Bäckerei Lindlein am Bamberger Tor.

Meßt eure Städte getrost an ihren Rathäusern! Das spricht oft genug Bände, denn sie sind Denkmäler des Bürgersinns. Kronach hat ihrer drei. Die „Steinerne Kemenate“, jetzt Feuerwehrhaus (Martinsplatz 1), verrät schon gotisches Selbstbewußtsein. Das stolze zweite von 1583 (Lucas-Cranach-Straße 19) wurde erst in unseren Tagen zu klein. Die fürs neue Rathaus (Marktplatz 5) abgerissene Häuserzeile kenne ich nicht. Vielleicht gefällt es mir deshalb gar nicht so übel. Jedenfalls wurde es mit seinen fünf Giebeln wenigstens kein Betonbatzen, wie sie speziell Stadtsparkassen gern in die sensibelsten Nachbarschaften wuchten.

Was einen, via Festungsstraße, an Szenerie erwartet, sieht man, sozusagen im Gegenschuß von Horst Böhm (Jahrgang 1940) an ein freies Stück Mauer gemalt. Davor beschenkt, Reminiszenz an den Martinsplatz, der zuständige Heilige einen Bettler mit seinem halben Mantel. Dazu muß man wissen, daß St. Martin die Züge des Bürgermeisters Hempfling, der arme Hund aber jene des Landrats Köhler trägt – was nicht ganz ohne Symbolgehalt sein dürfte!

Vom Martinsplatz gehts hinunter in die Judengasse an der

Stadtmauer, wo die „Judenheit" lebte, sechs gegen hohe Abgaben geduldete Judenfamilien. An dieser Stelle zeigt die Stadtmauer zahlreiche Schleifwannen, die durch das Schärfen von Werkzeug entstanden sind (Vgl. Nabburg, Band 2). Hoch über der Stadt hockt, „rühmliches Schmuckstück frühbarocker Art" (Reclam), die nie bezwungene Festung Rosenberg, erbaut nach dem Dreißigjährigen Krieg. Für die Bastion Valentin legte der berühmt-berüchtigte Abt von Langenaltheim, Mauritius Knauer (1613–1664), der Autor des Hundertjährigen Kalenders (s. Lichtenfels, Band 2), den Grundstein – und sogar Balthasar Neumann (1687–1753) gestaltete an der Veste herum.
So wenig diese Burg an Dornröschen denken läßt (der Bergfried heißt Rosenturm), hat das wuchtige Bollwerk mit seinen fünf Bastionen doch eher etwas bleisoldatenhaft Verspieltes. Vielleicht wegen der putzigen Schildwachhäuschen hoch auf den herabpflügenden Trutzwerkskanten? (Unten steht sinnigerweise ein Prellstein.)
Wo schwer hineinzukommen ist, wird wohl auch schwer herauszukommen sein: Die noblere Art von Gefängnis heißt Festungshaft, und man hat sie gern in sonst zu nichts mehr zu verwendenden Vesten absolvieren dürfen. Diese Ehre wurde dem Bayernlöwen und Preußenfresser Johann Baptist Sigl (1839–1902; siehe Mallersdorf, Band 2) wegen Majestätsbeleidigung zuteil. Und Charles de Gaulle (1890–1970) als Kriegsgefangenem im Ersten Weltkrieg. Der jedoch, nicht faul, bastelte sich eine vierzehn Meter lange Strickleiter und entwich. Sie ist in der Rosenburg heute noch zu bewundern.
Die Aussicht da oben ist von allen fünf Bastionen beträchtlich, ob in den Frankenwald, die „Grüne Krone Bayerns" hinein, ob auf die Stadt hinunter. Und da kann ich mich einfach nicht an den Stumpen von Stadtturm mit seinen vier flachen Giebeln gewöhnen. Die militärischen Gründe, weswegen er 1813 so zugestutzt wurde, dürften wohl längst überholt sein, so daß man ihm seinen ehemaligen achtecki-

gen Abschluß zurückgeben sollte. Der Harmonie des Stadtbildes wegen.
1866 kaufte die Stadt Kronach dem Königreich Bayern die Festung Rosenberg ab. Für 32 000 Goldmark. Sie tät's nimmer. Ja, sie nähm's nicht einmal mehr geschenkt. (Die Einkünfte aus Besichtigungsgeldern decken nicht einmal das Gehalt des Burgwarts.)
Sonst? – 1909 und 1936 flogen Zeppeline über die Stadt, 1964 sprach Pater Leppich in Kronach, 1966 wurde Gert Kümmel Weltmeister im Luftgewehrschießen, 1968 wurde der „Kronacher Feuerteufel" Alfred Kräußling, der sechs Scheunen und einen Bauernhof anzündete, verurteilt und 1969 verstarb der älteste Kronacher Bürger, Sattlermeister Johann Eydmann hundertdreijährig.

8640 Kronach, 19 500 Einwohner, Auskunft 0 92 61/9 72 36
Topographische Karte 1:50 000 L 5932 Lichtenfels und L 5934 Kulmbach.
Sehenswert: Stadtbild, Veste Rosenberg mit Fränkischer Galerie (darin folgende Werke von Lucas Cranach: „Christus und die Ehebrecherin", „Johann der Beständige" und „Friedrich der Weise").
Kulmbach 22 km, Coburg 33 km, Bamberg 56 km.

KULMBACH

Die Weiße Frau

Als graue, ungeschlachte Masse, ein mächtiger Block von massiver Formlosigkeit liegt die Plassenburg, das „fränkische Troja", über der Stadt und scheint sie mit dem Gewicht ihrer steinernen Wucht zu erdrücken.
Sie enthält ein Kleinod, Schöner Hof genannt. „Es ist der schönste und geschlossenste Turnierhof in deutschen Landen, vielleicht überhaupt in der Welt, ein Wunderwerk der Renaissance" (Oskar Franz Schardt). Seine Pfeiler und Bogen sind teppichhaft mit ornamentalen und figürlichen Reliefs überkrustet. Über 120 Brustbilder erzählen die Genealogie der Hohenzollern. Das siebente der untersten Reihe von rechts ist das meistbeschäftigte Gespenst Deutschlands, die Weiße Frau, die in sämtlichen Hohenzollernschlössern spukt (vgl. Bayreuth, Band 2), Gräfin Kunigunde von Orlamünde. Die Witwe verliebte sich in den Burggrafen Albrecht den Schönen von Nürnberg (1319–1361). Der freilich deutete ihr an, daß „vier Augen" zwischen ihnen stünden, wobei er seine, der Gräfin mißgünstige Eltern meinte. Die verknallte Kunigunde mißverstand dies und beseitigte ihre zwei Kinder durch Nadelstiche ins Hirn. Entsetzt wandte sich Albrecht ab. Die Witwe rutschte, als nun alles verloren war, vor Reue auf den Knien zum Kloster Himmelkron, brach aber auf dem halben Weg, wo heute noch ein Sühnekreuz steht, tot zusammen.
Eine andere Version der Sage meint, das sei vor der Himmelkroner Kirchtür gewesen. Lange Zeit hielt man ein dortiges Epitaph als das Bildnis der Gräfin, wohl der langen Kleider wegen, aber es ist ein Orlamünder Graf.
Der Untat halber ist das Reliefporträt der Kunigunde auf der Plassenburg von Schlangenornamenten umgeben.

Auch das des Burggrafen, sieben Medaillons weiter links, der eigentlich gar nichts dafür kann.
In der Historie ist von der Moritat keine Spur zu finden: Da vermachen Graf Otto VII. und seine Frau Kunigunde alle ihre Herrschaften und Güter 1338 dem Burggrafen von Nürnberg; zwei Jahre später stirbt Otto, kinderlos – und die mehr als ein halbes Jahrtausend dauernde Herrschaft der Hohenzollern über die Plassenburg beginnt!
Noch von jemand anderem meinte das Volk, daß er spuke: Während die Weiße Frau *im* Schloß wehklage, mache der „Steinerne Ritter" *draußen* seine Gespensterrunde auf schnaubendem Roß. Wahrscheinlich hat die Menschen das stolze Reiterdenkmal des Markgrafen Christian (1602–1655) auf dem barocken Prunktor der Burg dazu angeregt.
Diesen Christian zu Pferd kriegen Gäste Kulmbachs gern als Andenken. In Zinn und hübsch bemalt. Denn in der Plassenburg befindet sich der Welt größtes Zinnfigurenmuseum. Es begann 1929. Da wußten die deutschen Mitglieder des weltweiten Verbandes der Zinnfigurensammler, der sich nach der Muse der Geschichtsschreibung KLIO nennt, nicht mehr wohin mit ihren Dioramen.

Die Plassenburg, das fränkische Troja

So ein zünftiger Zinnfigurensammler ist nämlich gar kein Sammler im hergebrachten Sinn: Er nimmt nicht, was er erwischen kann, nein, er stellt sich ein ganz spezielles Thema. Etwa das Scharmützel der 4. Schwadron des Holsteinischen Ulanenregiments gegen die Nachhut des 3. Zuavenbattaillons der XIV. Infanteriedivision bei Moulins Eauville-sur-Marne am Nachmittag des 12. August 1870.
Zu diesem Zweck eruiert er Art und Zahl der teilnehmenden Truppen, deren Ausstattung, Führung, Bewegung, bestellt bei einer Offizin die dazu nötigen Figuren, stehend, liegend, knieend, gehend, laufend, fallend, mit Gewehr geschultert, vorhaltend, angelegt, ladend oder zu Pferd im Trab, Galopp, denn all dies und noch viel mehr gibt es wirklich und wahrhaftig einschließlich der Sonderfiguren als da sind Fahnen und Führer, die geschichtlich namhaften porträtgetreu in allen nur denkbaren Stellungen (Friedrich der Große zu Pferd, stehend, mit Krückstock vorwärts zeigend). Er bestellt die Figuren als Rohlinge (sic!), ungeputzt und unbemalt, entfernt mit feinem Federmesser die Zinngrate und feilt abgezwickte Gliedmaßen zu: Die aus dem Modell kommenden Figuren haben nämlich nicht selten mehrere Arme und Füße in verschiedenen Bewegungsphasen und diverser Armierung, die je nach Bestellung zurechtgezwickt werden. Jetzt bemalt sie der Sammler nach historischen Vorlagen hosentürlknopfgenau, baut ganz dem wirklichen Leben abgeschaut eine Szenerie aus Sand, mit Bäumen, zerschossenen Häusern genau nach Jahreszeit und tageszeitlicher Beleuchtung, montiert das alles in monate-, ja jahrelanger Arbeit zusammen – und betrachtet es schließlich stolz. In diesem grandiosen Augenblick beginnt das Wohin-damit-Problem, das so eine riesige Festung wie die Plassenburg, die zu so gut wie überhaupt nichts mehr nutze ist, spielend löst. Und dort erfreut das Werk nicht nur seinen Schöpfer, der auf diese Weise die Hände für das nächste Diorama freibekommt. Damals muß Joachim Ringelnatz (1883–1934), der ja auf der nahen Burg Lauenstein

Schloßführungen veranstaltete, in Kulmbach gewesen sein, denn er dichtete:

Die Zinnfiguren sind
Verbindung zwischen Kunst und Kind.
Sie schildern alle Zeiten.
Da schreiten, stehn und reiten
klein-märchenbunt aus jedem Land:
Indianer, Ritter, Sachsen,
und was der Schöpfer sonst erfand.
Auch Bäume schön gewachsen,
auch Häuser, Schiffe, Eisenbahn,
Flugzeuge, Autos, Pelikan,
wie jedes andere Getier;
kurz: allerlei und jederlei
ist hier –
studiert nach Farbe, Form und Sinn –
schön ausgeprägt in Zinn.
Mitunter ist das Zinn aus Blei.
Sinnvoll, mit Liebe aufgestellt,
zeigt das im Kleinen große Welt.
Wenn das uns Alten noch gefällt,
will das für mich bedeuten:
Die Zinnfiguren sind
Verbindung zwischen Kunst und Kind
und uns, den alten Leuten.

1945 mußten die Leute wieder bei Null anfangen. Angesichts des damals größten aller Dioramen, des „Nürnberger Reichsparteitages", bekamen die Zwangsarbeiter aus Polen, für die die triste Burg als Domizil offenbar taugte, einen verständlichen Wutanfall, und sie hauten die ganzen kriegsseligen Miniaturen zu Glump.
Aber Zinnfigurensammler sind zäh. Bald kam die Zeit der Rupfensarkophage. Die nur von spärlichem Tageslicht beleuchteten Räume standen voll mit plumpen, sackleinwandüberzogenen Schaukästen. Die Dioramen konnten

gruppenweise mittels Treppenhaussparschaltern beleuchtet werden, was entweder zu hastigem Augenkonsum oder zu dauerndem Hin- und Herrennen führte.
Seit den siebziger Jahren hat aber ein erfreulicher Wandel stattgefunden. Die zahllosen Exponate (an die 300 000 Figuren!) stehen gut ausgeleuchtet in freundlichen Sälen, und der animierte Betrachter steht gleich verwundert vor der figurenintensiven „Schlacht bei Roßbach am 5. November 1757 kurz nach 16 Uhr" und den zwei Männlein in leerer Landschaft „Don Quichote und Sancho Pansa auf der Wanderschaft". In ihren Anblick versunken beschloß ich, dem Museum ein Diorama zu stiften: „Verirrter Legionär in der nubischen Wüste am Vormittag des 24. Junius 1 v. Chr.".
Drunten im Städtchen, in der Eingangshalle des hübschen Rokoko-Rathauses, muß der Besucher unbedingt einen ergänzenden Blick in den Schaukasten werfen. Dort ist der absolut einmalige Aufzug sämtlicher deutscher Kaiser, Könige und Gegenkönige bis 1806 zu bewundern.
Früher einmal hat man das auswendig lernen müssen. Ein unpädagogisches Verfahren, wie man heute meint. Ein zwar altmodisches aber vortreffliches Gestell, um alle andere Historie, Stilkunde, Kunstgeschichte et cetera daran aufzuhängen.
Um das liebenswürdige Kulmbacher Rathaus gruppiert sich die in einigen Partien noch malerische Altstadt: der als das „romantischste Finanzamt Deutschlands" apostrophierte Langheimer Amtshof des Leonhard Dientzenhofer (1660–1707), das Schlößlein, die Türme (Kräuter-, Fronfeste-, Weißer, Roter Turm), hübsche Fachwerkhäuser und schöne Brunnen. Das Prachtstück ist der Zinsfelderbrunnen mit seiner farbig überkrusteten Säule und dem langmähnigen „Brillenseff", dem „meistfotografierten Bürger" der Stadt.
Das alles ging einmal in Flammen auf, als die Hochstifte Bamberg und Würzburg samt der Stadt Nürnberg den

Albrecht Alcibiades (1522–1557; vgl. Lauf, Band 2), die „Geißel Frankens“, endgültig satt hatten, nachdem er 90 Schlösser und 170 Orte der von ihm höhnisch Pfaffen und Pfeffersäcke genannten gebrandschatzt hatte.
Aber wer hat's letzten Endes aushalten müssen? „De Klann“, wie die Franken zu den Kleinen sagen. Aber die sind über alle Unhelligkeiten der Zeit hinweggekommen, denn sie waren „gewiift un geweffld“ und haben in den Tag hinein gelebt: Weiß der Himmel was morgen ist. Und deshalb waren sie auch niemals Kostverächter: Schon 1398 gab es in der Stadt mit 132 Bürgerhäusern vierundzwanzig Fleischbänke! Und heute hat sie die einzige Anstalt für Fleischforschung auf der Welt, eine Fachschule für Fleischtechniker (Metzger?) und die modernste Gewürzmühle.
Und was ist die Ursache für den höchsten Wasserverbrauch der Welt, nämlich 800 Liter pro Kopf und Tag?
Bier. Über das „Herz Bierfrankens“ schrieb Günter Grass:

O, ihr linken und rechten Nebenflüsse:
die Barzel fließt in die Wehner.
Abwässer speisen das Sein.
Grauwacke, Rehwinkel, laubgesägt Tannen,
Karst, Abs und Kulmbacher Bier,
altfränkische Wolken über dem Heideggerland.

In einer Kulmbacher Grabamphore fand man 2 500 Jahre altes Bier! Die Untersuchung des Bodensatzes erwies dies einwandfrei. Wen wundert es, daß in Kulmbach das stärkste Bier der Welt gebraut wird? Ein Bayrisch Gfrorns dortselbst hat bei 28% Stammwürzegehalt 10% Alkohol!
„Erfunden“ soll es ein Lehrbub haben, indem er ein Faß Bier einfrieren ließ: Was nicht zu Eis wurde, war dann entsprechend stark.
Die Kulmbacher heißt man „Waafer“. Nun, wer kriegt bei so einem Bier keinen „Plauderer“? Selbstironisch haben sich die Bürger ein diesbezügliches Denkmal gesetzt: den

liebenswerten Waafn-Brunnen beim Bahnhof. Und ein großer Waafer vor dem Herrn ist Thomas Gottschalk, der schlagfertige Entertainer des Bayerischen Rundfunks, Kulmbachs großer Sohn (1,93 m).
Schnauze, wie der Berliner sagt. A propos Schnauze: Das Kulmbacher Wappen ist zur Hälfte preußisch schwarz-weiß und bayrisch weiß-blau.

Das obermainische Hügelland mit den Mainquellflüssen Weißer und Roter Main ist ein Bruchschollengebiet aus Buntsandstein-, Muschelkalk-, Keuper- und Juraschichten, die, ursprünglich waagrecht liegend, in der Kreide- und Tertiärzeit zerbrachen, schräg gestellt, manchmal steil aufgerichtet und in ihrer Höhenlage gegeneinander verschoben wurden. Hauptachse ist die Kulmbacher Verwerfung. Alle geologischen Schichten treten zutage, eine einmalige Situation in ganz Europa und daher Pflichtlektion in den Exkursionsprogrammen von Geologen und Paläontologen.
Auch wurde in der Nähe das allererste vollständige Saurierskelett überhaupt und das erste schöne Fundstück eines Unterkiefers des muschelfressenden Sauriers Placodus gigas (Pflasterzahn) entdeckt. Der Kulmbacher Drogist Hugo Hesse (1855–1923) fand die Fußabdrücke der Handtiere, die die Wissenschaft ihm zu Ehren Chirotherium Hessei nennt.
Auch die Weltrichia mirabilis, versteinerter Rest einer ausgestorbenen Pflanze ist nach ihrem Kulmbacher Entdecker benannt: Johannes Peter Appolonius Weltrich (1781–1850), Vater des Aussichtsturmes „Schau-dich-um“ auf dem Petersberg.

8650 Kulmbach, 29 000 Einwohner, Auskunft 0 92 21/80 22 16
Topographische Karte 1:50 000 L 5934 Kulmbach
Sehenswert: Plassenburg (Zinnfigurenmuseum), Rathaus, Langheimer Amtshof, Petrikirche; Schloß Wernstein; Kirche in Himmelkron (Kreuzgang).
Veranstaltungen: Zinnfigurenbörse an jedem ungeraden Jahr.
Bayreuth 22 km, Münchberg 28 km, Nürnberg 120 km.

Quellen: Georg Fischer, Hans Stößlein, Erich Bachmann.

LAUINGEN

Der weiße Magier

Lauingen hieß schon einmal Lougingin, Loubingin, Logena, Lougingen, Logingen, Lougen, Louginen, Lavgingen, Lovgingen, Louigingen, Lauging, Lagingen, Lauginga, Lagingen, Lawbing und Laugingen. Welcher Ort bringt es schon auf siebzehn Schreibweisen?
Auch darin ist Lauingen eine Stadt der Superlative. In was noch? Zum Beispiel in seinem Hofturm, einem „steinernen Fanfarenstoß aus der Herzmitte der Stadt". Er ist einer jener typisch schwäbischen, die, aus einem Quadrat hochwachsend, in ein Oktogon übergehend und in einer zwiebeligen Haube endend, dastehen wie riesige Spargel. Er ist mit seinen „301 Schuh mit 242 Staffeln" – das sind 53 Meter – der höchste Turm der Gegend, und auch die drei Nachbarstädte haben keinen, den sie daneben stellen könnten.
Übrigens sind die vier Donaustädte für sich ein Superlativ besonderer Art: Auf der zweihundert Kilometer langen Eisenbahnstrecke Regensburg–Ulm halten Eilzüge innerhalb einer Strecke von nur sechzehn Kilometern geschlagene vier mal: in Höchstädt, Dillingen, Lauingen und Gundelfingen.
Der Lauinger Stadtturm heißt Schimmelturm. Darauf ist das größte Pferd der Welt ziemlich in Lebensgröße hingemalt, nämlich fünf Meter lang. Es hatte zwei Herzen, sprang mit Leichtigkeit über Stadtmauer und Donau, und es ließ sich nur von einem zwergwüchsigen, buckligen Roßknecht reiten, der es nur mit einer Leiter besteigen konnte. Nun, der Legende nach ritt St. Martin, Lauingens Kirchenpatron, auch einen Schimmel, und zu den Lauinger Kindern kommt nicht der Nikolaus, sondern am Vorabend des Martinstags (11. November) der Nußmärtel. Zusammenhänge?

Zwei Etagen unter dem Schimmel sitzt, „dem gemeinen Ruef nach das verständigste, schönste und größte Weibsbild von Europa", nach Matthäus Merian (1593–1650) „ein wunderschöne Gräffliche Jungfraw oder Fräwlein, namens Geislina."

War sie jene Gräfin, die auf dem großen Stein vor der heutigen Sonnenwirtschaft (Brüderstraße 11) den Armen stets einen Laib Brot offerierte? War sie das „bildschöne Mädli", das Klosterfrau wurde, weil ihr Vater ihm den Schatz, einen Offizier, nicht zum Mann gab und von dem sie dann bei einem Entführungsversuch durch ein Ungeschick erschossen wurde?

Da sind sich nicht einmal die Sagen einig. Beide aber, Roß und Jungfrau, sollen Zeitgenossen des größten Gelehrten gewesen sein.

Er sitzt auf dem Turm der Geiselina gegenüber, und es hat ihn wirklich und wahrhaftig gegeben, Albert den Großen, die einzige Persönlichkeit des Geisteslebens, der man jemals dieses Prädikat gegeben hat: Albertus Magnus (1193–1280). Zu Recht. Der Geistesriese hatte ein einzigartiges Wissen in Botanik, Zoologie, Mineralogie, Geographie, Historie, Geologie und Astrologie. Er erschloß dem christlichen Abendland Aristoteles (384–322 v. Chr.). Dante (1265–1321) erwähnt ihn rühmend in seiner „Göttlichen Komödie", und die Sorbonne in Paris zählt ihn zu ihren „erlauchten Ahnen". Sein berühmtester Schüler war der heilige Thomas von Aquin (1225–1274). Aber: Seiner naturwissenschaftlichen Experimente und mechanischen Kunststücke halber (er soll ein sprechendes Menschenhaupt konstruiert haben) galt er als Ketzer.

Man berichtet von einem Becher, aus dem Wasser genossen Erbrechen verursachte, Wein jedoch als Abführmittel wirkte. Freilich ist dieses „Wunder" leicht zu erklären: Der Kelch enthielt in einer Zwischenwand Schießglanz (Antimon). Auch sagte man ihm nach, Albertus habe in Köln, seiner zweiten Heimat, das Schießpulver erfunden, es aber, im Gegensatz zu Konstantin Anklitzen alias Berthold Schwarz hundert Jahre später, als Geheimnis bewahrt und die Formel verbrannt.

Aber er war nicht ein Faust; er fand keine Diskrepanz zwischen Wissenschaft und Glauben. Seine Maxime, „wer die Naturwissenschaften gründlich studiert, dem sind die Worte des Herrn kein Anlaß zum Zweifel“, ist heute noch nach 700 Jahren höchst modern.

Er wollte nichts anderes sein als ein schlichter Ordensbruder, der forscht und lehrt. Aber Papst Urban IV. (1185–1284) ernannte ihn gegen seinen heftigsten Widerstand zum Provinzial der deutschen Dominikaner. Die Ordensprovinz war riesengroß: Utrecht, Zeeland, Riga, Prag, Innsbruck, Konstanz, Metz und Antwerpen markierten ihre Grenzen. Albertus war ständig zu Fuß unterwegs, denn die Ordensregel verbot ihm Reiten und Fahren. Er hatte nie Geld und lebte nur von Almosen.

Wie ein Blitz traf ihn die päpstliche Ernennung zum Bischof von Regensburg, eine seinerzeit verwahrloste und bankrotte Diözese. Ähnliche Ämter in Orvieto, Würzburg und Straßburg folgten, und noch den siebzigjährigen Albertus jagte der Papst als Kreuzzugsprediger durch halb Europa.

Dafür hat ihn Albert der Sage nach aus einer hoffnungslosen Bredouille gerettet: Er befand sich mit seinem Boß auf einem unbewaffneten Schiff, als es von Piraten überfallen wurde. „Ergebt euch“, riefen die Feinde, „oder ihr seid des Todes!“ Kleinlaut meinte der Papst: „Was wollen wir tun, liebe Freunde? Ist keiner unter euch, der uns raten kann, wie wir entkommen können?“ Bruder Albert sprach: „Herr, ich könnte uns wohl befreien, aber es wäre gegen Euer Gebot. Hätte ich Erlaubnis, hier meine Kunst zu gebrauchen, sie müßten alle fliehen in Furcht und Angst.“ Der Papst sprach: „Albert, tu es, ich gebe dir die Erlaubnis für jetzt und dein ganzes Leben. Tust du nichts Arges damit, dann absolviere ich dich dabei von aller Sünde.“

Kaum hatte der Papst das gesagt, da flohen die Feinde, als ob der Teufel sie jagte. Sie meinten, die ganze Welt sei über sie hergefallen.
So wurde durch Bruder Albert der Papst gerettet und kam ohne Schaden nach Rom zurück. Albert aber wurde nun erlaubt, frei und ohne Sünde, die Schwarze Kunst als Weißer Magier, der mit Hilfe des Himmels zaubert, zu üben.
In einer flandrischen Chronik nennt man Albertus „groß in der Magie, größer in der Philosophie, am größten in der Theologie".
„Magie" darf man gleichsetzen mit seinen Forschungen: Er berichtet als erster von Staubfäden und dem Nektar der Blüten, von der dreifachen Lagerung der Pflanzenkeime im Samenmehl, von den Nervensträngen der Insekten, macht Farbversuche an Blumen durch Schwefeldämpfe und begründet als erster die Kugelform der Erde.
Albertus de Lauging wie er sich früh, Albertus Coloniensis, wie er sich später nennt, wird reich an ehrenden Benennungen: Albertus Teutonicus, Albertus de Alemania, Albert der Deutsche, philosophus magnus, Doctor expertus; Aventinus (1477–1534) nennt ihn den „gelertisten Teutschen".
1484 wird er selig gesprochen. Seine Hirnschale, unter der er seine erhabenen Gedanken ausbrütete, bewahrt man seit 1767 in der Pfarrkirche, 1880 errichtet ihm die Stadt das Denkmal von Ferdinand von Miller jun. (vgl. Fürstenfeldbruck, Band 1) auf dem Marktplatz – aber erst 1931 wird er heilig gesprochen und nacheinander Patron der Wissenschaftler, Naturforscher, Lehrer, Bergleute. In Lauingen heißen ein Platz, eine Straße, eine Siedlung (als schönste von Schwaben prämiert), eine Knabenschule, ein Gymnasium und eine Drogerie nach ihm. Am Geburtshaus (Ecke Herzog/Georg-Schrannen-Straße) erinnert an ihn ein Steinrelief. Aber sein schönstes Denkmal ist eine Volkslitanei mit herzanrührenden Attributen, die man seit alters her in Lauingen betet:

Heiliger Albertus Magnus
Du Mann nach dem Herzen Gottes,
Du eifriger Verehrer Mariens,
Du würdiger Sohn des heiligen Dominikus,
Du mächtiger Beschützer des Glaubens,
Du unerschütterlicher Fels der Hoffnung,
Du brennender Seraph der Liebe,
Du leuchtender Cherub der Weisheit,
Du tapferer Verfechter der Gerechtigkeit,
Du sichere Regel der Klugheit,
Du klarer Spiegel der Mäßigkeit,
Du unbewegliche Säule des Starkmuts,
Du lebhaftes Vorbild der Demut,
Du reinste Lilie der Keuschheit,
Du sichere Richtschnur des Gehorsams,
Du glänzendes Gefäß aller Tugenden,
Du edles Kleinod der Bischöfe,
Du besondere Zierde der Lehrer,
Du große Ehre deines Ordens,
Du goldener Schatz deines Vaterlandes,
Du eifriger Nachfolger der Apostel …"

Hat die Pfarrkirche deswegen sogar eine 16. Kreuzwegstation? Normal sind deren vierzehn. Fünfzehn Stationen (Kreuzauffindung durch St. Helena) sind selten. Der Kreuzwegzyklus sehr bewegter Massenszenen in Lauingen hat noch eine, meines Wissens einmalige, sechszehnte dazu: Kreuznachfolge. Noch ein Lauinger Superlativ!
Ebenfalls bemerkenswert: An der Westwand von St. Martin diente unverkennbar Albrecht Dürers „Adam und Eva" als Vorlage für zwei große Fresken. Und vor der Kirche steht, geheimnisvoll und uralt, der „Steinerne Stuhl" aus kelto-romanischer Zeit, ein Gleitstein, der dem Fruchtbarkeitskult gedient hat.
Oppidum Rhetiae amoenissimum, „die anmutigste Stadt Schwabens" nannte ein Chronist Lauingen, und ihre

Hauptstraße mit einer gotischen und einer barocken Seite führt von St. Martin geradenwegs zum schloßartigen, klassizistisch edlen Rathaus, dessen Prachträume einen Besuch wert sind. Und es finden sich im Festsaal zwei puttenselige Apotheosen von ganz realistischen Unternehmen: die erste Paketbeförderung auf der Donau, und das Gegenstück: Zuchtschnecken werden in Fässern nach Wien verfrachtet. Dieser Erwerbszweig kam zum Erliegen, blühte aber durch einen Flüchtling nach dem Zweiten Weltkrieg erneut auf, und im Gasthof Drei Mohren kann man sich an der wohl längsten Schnecken-Speisekarte Deutschlands delektieren. Da gibts Schneckensalat, Schneckencremesuppe, Schneckenrühreier, Schnecken Pariser, Burgunder oder Mailänder Art, Schnecken im Reisrand, mit Schweinelendchen oder mit Krabben in Hummercreme.
Leute, die keine Helix pomatia mögen, halten sich an die andere bodenständige Spezialität: Blunzen, die besten Blutwürste der Welt.
Und die passen stilistisch doch besser zu dieser malerischen Stadt mit ihrem wuchtig-grazilen Schloß, deren liebens-

würdigstes Viertel unten an der Donau liegt, beiderseits des Tränktörleins im Unteren und Oberen Brunnental mit seinen aufgestelzt wirkenden Häusern, der Stadt am Zusammenfluß von Brenz und Donau, wo die Männer mindestens an einem Gumpigen Donnerstag ihres Lebens als „Mensch", als alte Hex, gegangen sein müssen.
Und der Blunzen halber hat sie auch noch einen achtzehnten Namen bekommen: Blunzingen.

8882 Lauingen, 9 200 Einwohner, Auskunft 0 90 72/40 91
Topographische Karte 1:50 000 L 7528 Dillingen.
Sehenswert: St.-Martins-Münster, Heimatmuseum, Marktplatz mit Rathaus und Schimmelturm.
Dillingen 5 km, Ulm 45 km.
Quellen: Alois Marb, Hans Bäuml, Martin Griffig, Adolf und Marianne Maler, Karl Bosl, Hermann Josef Seitz, Karl Wieninger, Adolf Layer, Nikolaus Reußner.

LEITHEIM
Der Teufel im Glas

Unweit von Donauwörth steht die mächtige Basilika von Kaisheim, die man das „Münster der europäischen Hochgotik“ nennt, Zentrum eines einst bedeutenden Klosters, das heute als Zuchthaus dient. (Strafvollzugsanstalt heißt es offiziell.)
Vielleicht die Rache jenes Teufels, den man, von einem Pater in ein Glas gebannt, unter dem achteckigen Vierungsturm in den Kirchenraum hinabhängen ließ, wo er zweihundert Jahre lang unter den Gesängen der Mönche leiden mußte, bis er endlich entweichen konnte, „mit einem gräßlichen Scheuz“, wie der Chronist berichtet.
Der kaiserliche Hofmaler Gottfried Bernhard Goez (1708–1774), ein Fragonard der Freskotechnik, hat dem heut noch als Kinderschreck dienenden Teufel im Glas ein Plätzchen gewidmet, im Hauptdeckengemälde des Saales eines ganz und gar zauberhaften Lustschlößchens, das sich die Kaisheimer Äbte hoch über dem Donautal errichteten: Leitheim an der Juraschleife der Romantischen Straße mit dem „schönsten Fernblick an der deutschen Donau“.
Repräsentativ ebenso wie intim steht es da oben, und niemand sollte daran vorbeifahren – und sei es nur, um einmal drum herum zu spazieren, des Ausblicks halber und um das einzige Weinbergerl von Bayrisch-Schwaben zu entdecken.
Weniger Hastigen ist der Besuch des Kleinods ein Muß! Allein die sechsunddreißig laufenden Meter Geländer des noblen Treppenhauses, dessen Rankenmotive sich nirgendwo wiederholen. Aber das ist nur Einstimmung!
Nirgendwo kann man wohl so trefflich den Stilwandel vom

Barock zum Rokoko in der Stuckarbeit zweier Wessobrunner Schulen verfolgen wie gerade dort: In der Kirche überkrusteten die Stukkateure die Wände noch fast fabrikmäßig mit aus Modeln gegossenen, barocken Stuckornamenten, was sich unverkennbar von den aus der freien Hand kühn hingezauberten Rocaille-Formen in den Schloßräumen unterscheidet, wo der selbstbewußte Wessobrunner Paul Anton Landes (1712–1764) mit seinem elegant zerrissenen Rokoko-Muschelwerk die bedeutendste Arbeit seines Lebens schuf. (Er sagte von sich, es habe ihn „noch keiner ybertroffen".) Es rahmt kongenial die goezischen Fresken, die sich in einem allegorischen Zyklus durch alle Räume ziehen. Dieser beginnt an der Decke des Treppenhauses, in welchem die aufgehende Sonne durch das Flurfenster das Fresko „Der Tag vertreibt die Nacht" bescheint: Der Hahn kräht, der Tau fällt, Aurora schwingt die Fackel. Die „Nacht" liegt dann im Schlagschatten der Mauer!

Es folgen Allegorien mit der Zahl vier: die Lebensalter auf einem Deckenfresko im Hofzimmer; sie tanzen den Reigen nach den Flötentönen des Chronos. Der herrscht auch sensenschwingend über die vier Jahreszeiten im Empfangssalon: Flora mit den Blumen, Demeter mit den Ähren, Bacchus mit den Trauben und – und Frau Winter wärmt sich an einem Kohlenbecken. Die vier Elemente werden von den Chinoiserien zwischen den Fenstern des Hauptsaales aufgezählt: Feuer, Wasser, Erde, Luft. Die vier Eckkartuschen dort zeigen die vier Temperamente: den geziert tanzenden Sanguiniker, den behäbig im Lehnsessel biertrinkenden und schnupfenden Phlegmatiker, den seinen Säbel aus der Scheide reißenden Choleriker und – leider, der Melancholiker (ausgerechnet er!) löste sich durch Feuchtigkeitseinwirkung gänzlich auf. Den von drei Seiten her lichtdurchfluteten Raum, eine der brillantesten Innenarchitekturen des bayerischen Rokoko, beherrscht das große Deckenfresko „Die fünf Sinne":

In einer in Rosa gehaltenen Gruppe wird gekitzelt bis gezwickt: Eckwerte des Gefühls. Der von Apollo mit Eselsohren bestrafte König Midas lauscht zarter Musik aus Flöte, Geige und Laute (sogar die Ecken seines Denkmalssockels „horchen"). Mit Obst und Wein huldigen Zecher dem Geschmack. Die Hauptgruppe des Gemäldes ist verständlicherweise dem „Gesicht" dediziert: Vor der Säule mit dem vieläugigen Argus steht Goez himself, vornehm gewandet mit Malstock, Pinseln und Palette. Er hat wohl soeben das Bild des auftraggebenden Abtes vollendet, das eine Dame mit auf die Stirn geschobener Brille begutachtet, während ein Lausbub zu ihren Füßen durch ein Spekuliereisen frech auf den Betrachter linst. Und rechts am Bildrand zeigt der eingangs erwähnte Mönch zwei Buben den Teufel im Glas. Der „Geruch" kommt etwas stiefmütterlich weg: Blumenmädchen delektieren sich am Rosenduft. Alle fünf Sinne aber werden noch angesprochen in zwei humorigen Details unten an der Wand: In einem der beiden gemalten offenen Kamine gart ein Paar Würstl im Topf vor prasselndem Feuer.

Der Zyklus endet im westlichen Ecksalon: Frau Luna steigt empor, Apollo steuert seinen Sonnenwagen hinab, nicht

Aussicht von dem Kayserheimischen Lust Schloß Leitheim an der Donau, in einer Ferne bis über Augsburg

ohne die Quellnymphe noch schnell am Kinnerl zu kratzen, Morpheus mit der Mohnkapsel auf dem Kopf schläfert die „Natur“ ein, die Königin der Nacht mit der Nachtigall beginnt ihr Regiment.
Wer dächte da nicht sogleich an die „Zauberflöte?“ Nun, Emanuel Schikaneder (1751–1812) sah Entwürfe des Zyklus, denn er hatte ein nicht folgenloses Gspusi mit der Goez-Tochter Maria. Auch Mozart war da, wenn auch nur eine Stunde. Im Kloster Kaisheim freilich hielt er sich elf Tage auf. Und da muß er eine dortige Spieluhr gehört haben, denn von zweien der zehn alle Viertelstunden ertönenden Melodien meinen Experten, daß sie intuitive Anregung mozartischer Kompositionen gewesen seien: zur A-Dur-Sonate und zum Zauberflötenmotiv. Diese „Stockautomatenuhr“ gelangte auf einem abenteuerlichen Umweg nach Leitheim: Nur leidenschaftliche Liebhaber erleben solche Sternstunden: Albrecht Freiherr von Tucher, ohne den es das ganze Schlößl nicht mehr gäbe, ersteigerte sie auf einer Auktion in Bern!
Und wen wunderts noch: Seit fünfundzwanzig Jahren ertönt auf Leitheim Musik des Wolfgang Amadeus Mozart. Von Mai bis Oktober veranstaltet der mäzenatische Hausherr jedes Wochenende Kammerkonzerte. Von Freitag bis Sonntag im Anschluß an Führungen, bei denen man auch noch eine von der Markgräfin Wilhelmine, der Schwester Friedrichs des Großen (vgl. Bayreuth, Band 2), entworfene prunkvolle Taufdecke bewundern kann und erschauern vor dem winzigen Sterbekreuz der unglückseligen Maria Stuart (1516–1558), das ihr Papst Pius V. zusammen mit einer Hostie in die Todeszelle schmuggeln ließ. Um das Kreuz hängt der Kinderrosenkranz König Ludwigs II. (1845–1886). Ein symbolträchtiges Arrangement, denn sollte das Haus Windsor aussterben, kämen die Stuarts wieder auf den britischen Thron – und deren Kronprätendenten sind die bayerischen Wittelsbacher!

8851 Schloß Leitheim, Auskunft 0 90 07/2 31
Topographische Karte 1:50 000 L 7330 Donauwörth
Sehenswert: Basilika Kaisheim
Donauwörth 9 km, Augsburg 52 km, Ingolstadt 48 km.

Quellen: Albrecht Freiherr von Tucher, Hermann Göll, Karl Bosl.

LINDAU

O du lieber Augustin

Gleich nach dem Ersten Weltkrieg kam ein junger sächsischer Theaterwissenschaftler in eine Stadt, die ihn vom ersten Augenblick an faszinierte. Sicherlich beeindruckten ihn die festlich-geräumigen Häuserzeilen der Maximiliansstraße mit ihren heraldisch-bunten Ladeluken in den Speichergiebeln, die Scheinarchitektur des vornehmen Cavazzenhauses, das stolze Rathaus mit seinen Bilderzyklen. Aber dann, als er durch den niederen Bogengang ins Zitronengässele schlüpfte, sich im Gassengewirr verlierend Häuserln und Türme von so verträumter Romantik entdeckte, als hätte Spitzweg sie gemalt, da hatte er sein Herz ein für allemal an Lindau verloren. Und als er schließlich in der urgemütlichen Wirtsstube im „Lamm" bei einem Schöpple

hinter dem massigen Tisch saß, behütet von der uralten Balkendecke, da nahm, als vielleicht an den Tischen der Zecher das Lied vom Lieben Augustin erklang, in seinem Kopf eine Romanfigur Gestalt an, die bald weltbekannt wurde und unseren stellungslosen einsamen Trinker zum Auflagenmillionär machen sollte.
1921 erschien „Die Geschichte eines leichten Lebens“ mit dem Titel „Der liebe Augustin“.

In Meyers Enzyklopädischem Lexikon steht:
liebe Augustin, Der, legendärer Wiener Straßensänger und Dudelsackpfeifer. Er soll im Pestjahr 1679 betrunken in eine Leichengrube gefallen sein, die Seuche jedoch unbeschadet überlebt haben. Das Lied, das er angebl. beim Erwachen in der Pestgrube sang („O du lieber Augustin ...“), dürfte erst um 1800 entstanden sein. Roman von W. Riemerschmid (1930). Ballade von F.K. Ginzkey (1910). Oper von J. Bittner (1917).
Und Horst Wolfram Geißler?
Geißler, Horst Wolfram. *Wachwitz (heute zu Dresden) 30. Juni 1893. dt. Schriftsteller. Schreibt Novellen und Romane, meist mit geschichtl. und kulturgeschichtl. Themen. Seine Bücher verdanken ihre Popularität dem nachsichtigen Verständnis für menschl. Schwächen und ihrer liebenswürdigen Unbeschwertheit. G.s erfolgreichster Roman ist „Der liebe Augustin“ (1921).

Na also!
„Der liebe Augustin“ ist die fiktive Lebensgeschichte eines verwaisten Buben, den ein Onkel, der Pfarrer Knöpfle, zu sich nach Wasserburg nahe Lindau nimmt:
„Die Kirche aber, und neben ihr das Pfarrhaus und der Friedhof, lagen auf einem spitzen Winkel. Gegen die Mauern des Friedhofs plätscherten die Wellen, und von den Fenstern des Pfarrhofs hätte man über den kleinen Garten hinweg einen Apfel werfen können. So war das geistliche Revier eine wirkliche Wasserburg.“

Von Wasserburg aus nimmt der Oheim den jungen Luftikus in die nahe Reichsstadt mit, wo er erlebt, wie ein zum Galgen verurteilter Dieb von der Fürstäbtissin des adeligen Damenstifts begnadigt wird, indem sie von ihrem „Scherenrecht" Gebrauch macht und den armen Sünder seiner Fesseln entledigt – nur um den Rat der Stadt zu ärgern, denn Stadt und Stift sind sich schon seit Jahrhunderten spinnefeind.

Dem Gustl Sumser alias Lieber Augustin gefällt Lindau. Hier möchte ich leben, sagt er sich. Und er macht dies später wahr, als der gelernte Geigenmacher umsattelt und Spieldosenfabrikant wird.

„In der Dammgasse steht ein winziges, gelbes Haus; auf dem vorgebauten Stockwerke sitzt das hohe, spitzgiebelige Dach, und das ganze Ding schaut in die Welt, als ob es sein Lebtag nur lustige Leut gesehen habe.

Es war undenkbar, daß der liebe Augustin dieses Häuschen erblickte, ohne sogleich der Überzeugung zu sein, es habe all die Jahrhunderte her auf ihn, nur auf ihn gewartet." Und gleich spinnt sich mit der blutjungen Fürstäbtissin und Reichsgräfin Friederike von Bretzenheim, einer Tochter des Kurfürsten von Bayern Karl Theodor (1724–1799), eine Romanze an.

Im Lindauer Museum kann man ihr Konterfei betrachten. Sicher war sie ihrer Mutter, einer Mannheimer Schauspielerin, ähnlicher als ihrem Vater.

Das romantische Liebespaar, das man natürlich aus Staatsräson trennte, blickt sich, auf der Seepromenade zum bronzenen Denkmal geronnen, für die fernere Zukunft versonnen-zärtlich an.

Horst Wolfram Geißler (1893–1983) überlebte seinen Bestseller um dreiundsechzig Jahre. Auf seinen Wunsch liegt er auf dem Friedhof von Wasserburg begraben, dort wo er seinen Augustin den Weg in ein fideles Leben beginnen läßt. „Mit Blick zur Kirche."

Zeitlebens besuchte der Autor das „Lamm", in dem er auch

im Roman seinen Helden das Lied vom lieben Augustin zur Gitarre singen läßt, trank seinen Wein zu einem Felchen und konstatierte immer wieder: Hier ist die Zeit wirklich stehengeblieben.
Auch die Inhaber der Namen auf der dicken Tischplatte sind vergangen; fröhliche Sangesbrüder im Geiste Augustins vom „Liederkranz". Ihre Vorgänger können sich rühmen, den einzigen erfolgreichen bayerischen Feldzug des Krieges von 1866 gegen die Preußen unternommen zu haben.
Bei Kriegsausbruch gerieten sie im Weindusel in solche patriotische Begeisterung, daß sie mit der Bahn nach Norden fuhren und im zehn Kilometer entfernten Hauptort der winzigen preußischen Enklave Achberg dem uralten Förster Feuerle das Gewehr abnahmen. Der Gerbermeister Walpetinger verlas dann eine schwülstige Proklamation: „Achberger! Deutsche Brüder, Freunde! Die Stunde der Befreiung hat für Euch geschlagen, frei sollt Ihr sein von heute an von einem tyrannischen Regiment, frei sein von einer eigennützigen, brudermörderischen Despotie, die erst vor wenigen Jahren, ohne daß Ihr nur gefragt wurdet, Euch mit ihren gierigen Klauen umfing. Nachdem Preußen den deutschen Bruderkrieg bereits begonnen, deutsches Bundesland besetzt hat und auch in bayerisches Staatsgebiet eingebrochen ist, kommen wir zu Euch als Vertreter des deutschen Volkes und Bundes und erklären, daß die Herrschaft des einköpfigen Adlers in Achberg unterm Heutigen aufgehört hat und daß Ihr nun freie Bürger des neuen deutschen Reiches und Bundes seid. Deutsche Männer, Brüder, ein schönes Los blüht Euch als freie Männer im freien Land. Der bayerische Staat nimmt Euch als solche auf mit deutschem Gruße. Es lebe das neue deutsche Reich. Esseratsweiler, den 20. des Heumonats. Im Namen der deutschen Volksheere. Der Kommandant der bayerischen Schar."
Das Nachspiel war verständlicherweise harmlos. Die Mannen um den königlichen Advokaten Hermann Beckh wur-

den vom Bezirksgericht Kempten in der Berufung freigesprochen.

Lindau liegt am Bodensee,
wer's nicht glaubt, komm selbst und seh!

Diesem ebenso schwachsinnigen wie schlechten Vers hat der Bundesbahnmagazinverwalter Robert Schmid ein Denkmal gesetzt: In den Neuen Leuchtturm pinselte der Hobbymaler alles hinein, was man über das Schwäbische Meer so weiß, Faktisches und Geheimnisvolles, Vorder- und Hintergründiges, und da war ihm Ernsthaftes und Lächerliches gleich lieb.
Auf den 35 Meter hohen Turm wendeln sich 139 Stufen hinauf. Pate für ihn und den fotogenen Marmorlöwen von Johann Halbig (1814–1882; Löwenquadriga auf dem Münchener Siegestor) stand der fortschrittliche König Max II. (1811–1864) im gleichen Jahr 1856, in der auch die Nord-Süd-Linie der Eisenbahn eröffnet wurde (vgl. Hof, Band 1).
Auf dem größten Binnensee Deutschlands, dem drittgrößten Europas (nach Plattensee und Genfer See) mit einer Uferlänge von 259 Kilometern, hätte, wie man uns in der Schule versicherte, die gesamte Bevölkerung unseres Planeten Platz.
Eine etwas unheimliche Vorstellung, die nur im Winter denkbar ist, bei zugefrorenem See. Und da denkt man gleich an die Ballade vom unfreiwilligen „Reiter übern Bodensee", der vor Schreck tot umfiel, als er vernahm, daß er ihn irrtümlich überquert hatte. Nun, bei 252 Metern Tiefe! Er friert übrigens tatsächlich zuweilen ganz zu. Das letzte Mal 1962.
Was meinen Sie, wie stark sich die Erdkrümmung auf das 67 Kilometer lange Gewässer auswirkt? Fünf Zentimeter? Zehn Zentimeter? Weit gefehlt! Es sind sage und schreibe viereinhalb Meter! Um das Seebecken zu füllen, müßte es hundert Jahre lang ununterbrochen durchregnen. Jeden Herbst gibt die Wasserfläche eine enorme Wärmemenge an

die Luft ab; ihr Wert entspricht etwa 20 Millionen Tonnen Kohle!
Wenn ich Lindau als die einzige Hafenstadt Bayerns am Rhein bezeichne, werden Sie zunächst stutzen, um mir dann sogleich recht zu geben, weil Ihnen eingefallen ist, daß ja der teutscheste aller Flüsse den Bodensee durchfließt. Er braucht dazu etwa zwei Monate und er stürzt dabei einen „unterirdischen" Wasserfall hinab, „Rheinbrech" genannt. Bis dorthin kann man den gletscherhellen Fluß deutlich vom dunkleren Seewasser unterscheiden.
Schiffahrt: Das erste eiserne Bodenseeschiff hieß nach dem König „Ludwig", lief 1837 vom Stapel und zur Freude der Segelschiffer sogleich auf eine Sandbank: „Ise isch Ise, und Ise schwimmt edd!" Der Dampfer schwamm doch, sank aber 1861 nach einem Zusammenstoß mit der „Zürich" bei Schneetreiben vor der Rheinmündung. Dreizehn Menschen ertranken. Das 1863 von Wilhelm Bauer gehobene Schiff (vgl. Dillingen, Band 2) sank 1871 nochmal in einem Sturm vor Lochau. Daraufhin wurde die „Ludwig" verkauft und befuhr noch zwanzig Jahre den Main.
Fischerei: 1583 wurden im Lindauer Hafen 7000 Fische gefangen. Man hielt sie für verhext und verbrannte sie bei lebendigem Leibe unter dem Galgen.
Weitere Lindauereien: In Wetzlar fand man 1806, als mit dem Heiligen Römischen Reich auch das Reichsstift zu bestehen aufhörte, ein ganzes Gewölbe voller Akten, Stadt contra Stift, Stift contra Stadt. –
„I just telephone upstairs, when I've trouble", heißt es in einem Spiritual: Bei Sorgen schnell mal droben anrufen, denn „He sitt'n, wait'n for my call", ER sitzt da und wartet schon drauf. Daran mußte ich denken, als ich in der heiteren Rokokokirche St. Stephan eine Tafel vollgespickt mit Sorgenzettelchen entdeckte. Auf einem stand: „Lieber Gott! Bitte hilf mir, daß mein Zeugnis besser ausfällt. Ich will dann nie mehr Karl May lesen. Deine Susanne". –
In einer besonders idyllischen Ecke um den Diebsturm

steht St. Peter. Das gotische Kirchlein birgt die einzigen Fresken von Hans Holbein dem Älteren (1465–1524): In der „Kreuzigung" der „Lindauer Passion" entdeckte man am linken Ärmel der Magdalena sein Signum H H. –
Vor dem „schönsten Bürgerhaus am Bodensee", „Zum Cavazzen" am Marktplatz, bezeichnet ein weißer Ring im Pflaster den ehemaligen Hinrichtungsplatz. –
Mitten in Lindau wurde einst Wein angebaut. Spötter nannten die Sorte „Petrustränen" („ging hinaus und weinte bitterlich"). An der Stelle erhebt sich heute das Alte Rathaus mit seinen Renaissance-Schnörkelgiebeln. Jenen zum Bismarckplatz hin ziert eine große, gedeckte Treppe (darunter war einmal ein Arrestlokal) mit einem Bilderzyklus der Zehn Gebote. Jeder schaut sofort nach dem Sechsten. Aber statt eines Pornos entdeckt er halt – wie könnt es anders sein? – den keuschen Joseph nebst Frau Potiphar. –
Der Teppichhändler Herbert Ullrich sammelt Rheinkiesel mit besonderen Zeichnungen, Buchstaben, Zahlen. Er fand sogar sein eigenes Porträt auf so einem Rundling und empfindet dies als Botschaft aus der Urzeit unserer Erde. Hört man ihm nur einige Minuten lang zu, dann gewinnt man ein ganz neues Verhältnis zu diesen unseren stummen Brüdern – und entdeckt in jedem Katzenkopfpflaster Grüße von Urmutter Kosmos. –
Achtzig Jahre alt wurde „die schönste Kaserne im Königreich Bayern" auf der hinteren Insel. Das „weiße Schloß am See" ist entgegen bisheriger Annahme nicht von Friedrich von Thiersch (1852–1921; Justizpalast, Löwenbräukeller, sowie Maximilians-, Cornelius- und Reichenbachbrücke in München), der auch das Alte Rathaus restaurierte (daher der Thierschbrunnen davor), sondern vom Militärbaurat Ernst Feder. Der Entwurf von Thiersch wurde aus „dienstlichen, sanitären und wirtschaftlichen Rücksichten" verworfen. Wegen der exponierten Lage am See erhielt die Kaserne eine Architektur, „welche der Stadt und ihrer einzigartigen Umgebung zur Zierde gereicht". Die Mehr-

kosten hierfür mußte die Stadt aufbringen. – In einer der Kasernenhallen steht die „größte Modelleisenbahnanlage von Europa in Spur I“. In ihr „stecken siebzig Jahre Freizeit“. –

Lindau hat das einzige Hitlerjugenddenkmal Deutschlands. Es ist ein Jungvolk-Pimpf mit Landsknechttrommel an der Ecke Bürstergasse-Maximiliansstraße, heute Trommlerjungenbrunnen genannt. –

Am Haus Fischergasse Nr. 35 findet sich der Hinweis: „In diesem Haus operierte 1534–59 Chirurgus Dr. Caspar Stromayr, Bruchschneider und Augenarzt.“ Aus einem Buch von ihm erfährt man, wie zu seiner Zeit Operationen vor sich gingen: Den Patienten erwartete ein Paradies an persönlicher Zuwendung durch den Arzt, dafür aber die Hölle an Schmerzen. Zuerst wird dem Patienten erläutert, was er zu erwarten hat, und der Operateur bittet um sein Vertrauen. Dann wird er zur Entspannung in ein Bad gesetzt, es folgt ein Umtrunk mit Freunden und Verwandten. Dabei muß der Patient dem Alkohol besonders kräftig zusprechen – eine andere Form der Narkose hatte er nicht zu erwarten. Als nächstes beten alle für einen günstigen Ausgang, das gefesselte und halb betäubte Opfer wird auf den Operationstisch geschnallt und ist ab jetzt gleichermaßen der Geschicklichkeit des Bruchschneiders wie der Gnade Gottes übergeben.

8990 Lindau 25 000 Einwohner Auskunft 0 83 82/50 22
Faltkarte Lindau aus der Vogelschau aus dem Ikarus-Verlag, Ravensburg.
Sehenswert: Stadtbild, Alter Leuchtturm, Neuer Leuchtturm, Stadtmuseum im Haus Zum Cavazzen, Altes Rathaus, Römerschanze, Diebsturm, Stiftskirche, Peterskirche, Stadttheater, Stadtgarten.
München 185 km, Freiburg 185 km, Stuttgart 210 km.

Quellen: Christa Harpf, Horst Wolfram Geißler, Franz Herre, Hans Albert Francke, Bruno Kersten, Marina Dietz.

MEMMINGEN

Das erste Auto der Welt

Der sauberste und fischreichste Bach, den ich kenne, fließt mitten durch eine Stadt mit 38 000 Einwohnern: Memmingen. Nirgendwo sieht man in klarerem Wasser so viele Forellen flitzen. Von ihm hat schon ein Sebastian Münster (1489–1552) geschrieben: „Es rinnet durch die Statt ein bach von lauterm brunnenwasser, der gefreurt nit", was Matthäus Merian (1593–1650) fast wortwörtlich bestätigt. Daß die Aach nie einfriert, dementiert jedoch Röders „Geographisches Statistisch-Topographisches Lexikon von Schwaben" später: „Dieses ist falsch, und der kalte Winter 1788 hat dieses auch widerlegt."

Der Forellen müssen Tausende sein. Sie gehören dem Fischertagsverein. Der hat an die tausend Mitglieder. Jedes Jahr im Juli kommen sie mit ihren Keschern, „Bären" genannt, auf dem Schrannenplatz, wo einer der ihren in Bronce auf einem Brunnen steht, zusammen und „singen" das Schmozlied:

Schmoz, Schmoz
Dreck auf Dreck
Schellakönig
wüaschte Sau.

Dann „jucken sie in den Bach": Sie steigen hinein und fischen ihn leer. Vor dem dreierkerigen Rathaus steht eine Waage. Wer die schwerste Forelle bringt, wird Fischerkönig. Der vom Jahr vorher wird mit einem Fußtritt davongejagt.

Ein stolzer Brauch, der sagen will: Keinen Respekt vor der Obrigkeit! Schließlich wurden in Memmingen jene zwölf Artikel verfaßt, die zu den Bauernkriegen führten. Darin wurde unter anderem Beschwerde erhoben, daß „biß her jm brauch gewesen/dz kayn armer man nit gewalt gehabt hatt/ das willpret gefigel oder fisch jn fliessenden wasser nit zu fachen zu gelassen werde/ welchs vns gantz vnzymlich vnd vnbrüderlich dunckt". Drum tun sie es hier bis auf den heutigen Tag in dieser ehemals so freiheitlich gesinnten Stadt, von der so viele Impulse ausgingen.

Druck der Zwölf Artikel (1525)

So stammt von Memmingen der erste deutsche Überseekaufmann, ein Hiesiger gründete die erste überseeische Kolonie: Venezuela. (Der Konquistador Georg Hohermuth [1500–1540] war dort Statthalter der Welser.)
Die Handelsherren-Familie der Vöhlin hatte drei P im Wappen. Man findet sie auf einem Fresko in der Frauenkir-

che und auf einem Schild in St. Martin. PPP symbolisiert, lateinisch, einen beherzigenswerten Spruch. Er klingt auch für Nichtlateiner interessant genug, um ihn aufzusagen:

Piper Peperit Pecuniam
Pecunia Peperit Pompam
Pompa Peperit Paupertatem

was etwa heißt:

Pfeffer brachte Geld
Geld brachte Aufwand
Aufwand brachte Armut

Was wunder, daß die Glücksgöttin Fortuna ein bevorzugtes Symbol der Bürger war (Wetterfahne auf der Krangaube des Hauses Marktplatz 2) und der Schüler Jürgen Kraus ausländische Geldscheine sammelt.

Geronnene Kaufmannsphilosophie: das bewundernswerte Siebendächerhaus am Gerberplatz.

In der Herrengasse 16 wuchsen Großvater und Vater von Rudolf Diesel (1858–1913; s. Augsburg) auf. Der Erfinder fuhr mit seinem Sohn Eugen 1905 in einem der „neuen Teufelskärren", einem roten NAG, nach Memmingen. Er versagte akkurat da seinen Dienst und mußte zum Gaudium des Städtchens von Pferden abgeschleppt werden. Eugen Diesel beschrieb dies feuilletonistisch in seiner „Autoreise 1905", wo sich auch der altgedienten Motorsportlern von der Sache her wohlvertraute Satz findet: „Munter rollt der Wagen durch Dörfle, wo das Huhn entsetzlich gakkernd sich sputet, vom Misthaufen hinab noch rechtzeitig unter die Räder zu gelangen." 1950 kommt Eugen Diesel wieder. Mit einem Mercedes. Er findet alles sehr verwandelt, entdeckt aber im Museum, daß der letzte Meistersinger, ein Mann namens Hummel, erst 1922 in Memmingen verstorben ist, und er begegnet einem Spengler Friedrich Diesel, der seinem Vater unheimlich ähnlich sieht.

Unglaubliche Reminiszenz: In Memmingen fuhr 500 Jahre früher das erste Automobil der Welt! Kunde davon haben wir vom Astrologen, Arzt und Kalendermacher Christoph Schorer (1618–1671), der in Straßburg für das Jahr 1643 den Weltuntergang prophezeite und nach verstrichenem Termin fliehen mußte. Er war dann Stadtarzt in seiner Heimat. Seiner „Memminger Chronik“ wird hoher Quellenwert bescheinigt. In ihr, oder wie er sie noch nennt

„Kurtze Erzeh-
lung vieler denckwürdigen Sachen/
die sich allda nicht allein vor alten/ sondern auch
zu jetzigen Zeiten/ bevorab in verwichenem dreyssig-
jährigen Krieg begeben und zugetragen/
von Ao. 369 biß 1660.
Mit sonderbahrer Mühe zusammen getragen/ und
den Liebhabern der alten Geschichten zum besten
in den Truck verfertiget
Durch
Christoph Schorern/ der freyen Künsten und
der Artzney D. Fürstl. Würtenbergis.Mümpelgartischen
Rath/ und bestellten Physicum zu Memmingen“,

berichtet er etwa:
„Am Afftermontag vor S. Galli Tag donnerte es fast. Am Sambstag vor S. Niclastag/ erstickt einem Kupferschmid ein Kind/ war kein Jahr alt.
Am Freytag vor dem Palmtag brach man den Chor ab zu den Augustinern/ und wollt die Gloggen oben in die Kirch henken/ da man sie nun hoch hinauff gebracht/ bricht der Zug/ fält herab und Zerschmettert einem Taglöhner einen Fuß daß er daran starb.“
Und schließlich für 1447:
„Am Montag nach dem Newen Jahrs-Tag/ gieng ein rechter Wagen zu dem Kalchsthor herein biß an den Marckt und wider hinauß ohne Roß und Ochsen/ und war verdeckt/ doch saß der Meister der ihn gemacht hat darinnen/ und regirte ihn.“
Das Vehikel dürfte dem späteren von Leonardo da Vinci

(1452–1519), zu bewundern als Modell in Clos-Lucé bei Amboise, nicht unähnlich gewesen sein.
Daß durch die heute noch prächtigen Tore Memmingens (Ulmer-, Kempter- und Westertor) die Großen der Zeit ein- und ausfuhren, versteht sich für eine Reichsstadt von selbst. So die großen Widersacher Wallenstein und Gustav Adolf. Beide wohnten im Abstand von zwei Jahren im Fuggerhaus. Der Herzog von Friedland nahm hier seine Abdankungsurkunde entgegen. Gleich nebenan logierte sein Astrologe, Giovanni Battista Seni. Das „hellgelbe Türmchen mit dem schwarzen Käppchen" auf diesem Haus fand das Entzücken Wilhelm Hausensteins (1882–1957) und heißt Seni-Turm.
Einheimische Chronisten zeigten sich von ihrer Heimat weniger angetan. Der erste Deutsche, der eine Autobiographie geschrieben hat, Burkhart Zink (1396–1474), Kaufmann und Chronist, vermeldet, „niemand was mein froh, all meine Freund achtend mein nit". Dafür hat sein Mitbürger Johannes Leeb (1790–1863; Marmorbüsten für die Walhalla) Memmingen sein Zink-Denkmal (am Königsgraben) geschenkt.
Carl Ignaz Geiger schrieb gegen Ende des 18. Jahrhunderts: „Kein Katholik kann hier Bürger werden. Man nimmt nicht einmal einen katholischen Schuster an, und fürchtet er möchte die lutherischen Füße vom Katholicismus anstekken. – Die Kleidung des schönen Geschlechts ist meistentheils Geschmacklos, jene, die sich nach ihrer alt schwäbischen Mode noch kleiden, sehen gar komisch aus." Natürlich stammt auch einer der Sieben Schwaben aus Memmingen. Ludwig Aurbacher (1784–1847) von Türkheim beschreibt die Herkunft des Spitznamens:
„Zu derselbigen Zeit waren die Fazinetle noch nicht im Brauch, und daher schlenzten einige das Ding gleich von sich weg, was jetzt die vornehmen Leute in den Sack stekken; andere schmieren es unter die Üchse oder zwischen die Grattel, wo es sich wieder von selbst abwetzte; andere dage-

gen, wie der Spiegelschwab, putzten es an den Vorderärmel, wo es sich zum Spiegel ansetzte, und beim Sonnenschein glitzerte."

Übrigens hat das „Schwäbische Gwand" der Memminger Stadtkapelle immer noch einen „Spiegel" in Form eines glänzenden Lederflecks – vorsichtshalber mit zwei Knöpfen drauf. Das messingene Barbierbecken jedoch, mit dem der Spiegelschwab seinen Hintern schützte, braucht ein heutiger Memminger gottlob nicht mehr.

Zu den Zeiten der Handwerksburschen mußte man zum Beweis, daß man in einer Stadt auch wirklich gewesen war, besondere Wahrzeichen wissen. Wie in Regensburg der blaue Esel, so war es in Memmingen die Blaue Saul (Marktplatz 8). Und der Gaul in der Wiege (Kalchstraße 39). Ein Einheimischer würde die damit zusammenhängende, grausige Geschichte etwa so erzählen:

„A früherer Besitzer von dem Haus ischt a maul der Moining gwest, sei Frau sei gstorba. Sie ischt aber nit recht gstorba gwest, sondern blos scheintot. Zur gehörige Zeit aber, am zwoita oder dritta Tag, haut ma sie in alle Ehra begraba. Die Frau wär au nomma me us ihrem Grab rauskomma bis an jüngste Tag. Non haut aber dr Totagräber gwißt, daß ma ihr etlich schöne, wertvolle Ring mit ins Grab geb haut, und dau haut r denkt, die brächtet ihm mehr Nutza, als der tota Frau. – Er ist also spät in dr Nacht naus und hauts Grab göffnet. Itz aber denk an Mensch sei Schrecka! Wie r de Deckel weg tuat, wird d Frau lebendig, regt si und staut auf. – Daß dr Totagräber d Laterna vergessa haut, isch koin Wunder; – d Frau aber haut si gnomma und isch mit r hoim.

Wie sie an ihrer Glocka glitta haut, isch z erscht d Magd ans Fenster komma. Uf ihr Frauga: ‚wer läut?' antwortets drunta: ‚Mach auf, d Frau ists.' – Die moint nit anderst, als es sei a Gschpenscht, weckt da Herra und verzählt m Allz. Der hälts au für unmöglich und sait: ‚Eher liegt mein Pferd in der Wiege, als daß meine Frau da drunten ist.' – Wie ma aber gschaut haut, dau ischts denn doch d Frau gwest und haut alz verzält und haut no manchs Jaur glebt, bis sie wirklich gschtorba ischt und zum Andenka an dia Begebenheit ist an dem Haus das Pferd in dr Wiega angmault bis uf da heutiga Dag."

Bleibt noch der Mond, dessen Spiegelbild ein paar beschwipste Ratsherrn partout aus einem Bottich fischen wollten, auf daß sie ihn scheinen lassen könnten, sooft sie ihn bräuchten. Inzwischen ist der „Mau" in schöner Selbstironie Memmingens Wahrzeichen geworden. Pfiffige Leut also, die Memminger! Wie ihr Karl Fuss (1893–1962), alias Wendelin Überzwerch, der große Schüttelreimer:

> Aufreizend am Strand hat Sabine gekichert –
> Schad, daß sie sich in der Kabine gesichert!

8940 Memmingen, 38 000 Einwohner, Auskunft 0 83 31/1 92 41
Topographische Karte 1:50 000 L 8126 Memmingen.
Sehenswert: Martinskirche (Chorgestühl), Frauenkirche (Wandmalereien), Rathaus, Steuerhaus, Pfarrkirche Maria Himmelfahrt und St. Josef. Kloster Buxheim (5 km, s. Buxheim, Band 1). Kempten 34 km, Ulm 52 km.

Quellen: Karl Bosl, Walter Braun, Hilde Miedel, Helmut Schugg.

MILTENBERG

Rote Säulen voller Rätsel

Vor der modernen Rostfassade der Prähistorischen Staatssammlung am Englischen Garten in München (Lerchenfeldstraße 2) steht eine archaische rote Säule. An was denken die Tausende von Besuchern, falls sie sie überhaupt wahrnehmen? Vielleicht an Marakesch, an Mykene, an Kreta. Niemand denkt an den Odenwald.
Steil fallen bei Miltenberg die Ausläufer des Odenwaldes zum Main herab. Mitten drin in den weiten Wäldern, zwischen bizarrem Gestein, liegen unvermittelt und rätselhaft riesige, wohlgeformte Säulen herum. Niemand kennt Abstammung und Zweck.
Fünf dieser Monolithen liegen da noch: Heunensteine heißen sie. Einen hat man in den Mainanlagen der nahen Stadt aufgestellt; andere stehen im Germanischen Museum Nürnberg und eben in München. Dort, links vom Museumseingang, erfährt man dann alles ganz genau:
„Säule aus Sandstein, sog. Heunensäule. Höhe 749 cm, Gewicht 14,5 Tonnen. Wohl romanisch, vielleicht frühes 11. Jahrhundert. Der Monolith weist eine Kreuzschichtung auf, die ihn für eine Belastung ungeeignet macht. Er war ursprünglich vielleicht für den Mainzer Dom bestimmt. Besonders im Unterteil einige mittelalterliche Steinmetzzeichen und mehrere Besucherinschriften.
Das Werkstück kam 1879 als Geschenk des Magistrats der Stadt Miltenberg nach München und stand bis 1975 vor dem Haupttrakt des Bay. Nationalmuseums. Es wurde für den Transport nach München von 6 Pferden und 2 Ochsen auf einem 85 Ztr. schweren Wagen zum Bahnhof Miltenberg gebracht und dort auf dem einzigen Spezialgüterwagen für Schwerlasten der Kgl. Bayerischen Eisenbahn verladen."

Mit Heunen, also Hunnen, haben die Säulen mit Sicherheit nichts zu tun. Aber mit was sonst? Vielleicht verbirgt sich hinter ihnen eine Handwerkertragödie aus dem Mittelalter? Wurden dem ausführenden Steinmetzen die fehlerhaften Säulen vom Dombaumeister nicht abgenommen? Mängelrüge, Ausschluß also? Ironie des Schicksals: Eine davon steht heute auch vor dem Mainzer Dom!
Eine andere unvollendete Steinmetzarbeit gibt den Archäologen ebenfalls seit hundert Jahren Rätsel auf: Wenn nicht alles täuscht, hat der römische Fähnrich Secues eine Arbeit an einer rötlichen Stele nicht beendet. Einem Holzhauer fielen 1878 beim Durchforsten auf dem Greinberg südwestlich von Miltenberg auf einem der zahlreichen dortigen Sandsteinblöcke Buchstaben auf. Der Kreisrichter und Forscher Wilhelm Conrady, Besitzer und Inwohner der Mildenburg, hörte davon, ließ die Steinnadel herbeischleppen und im Burghof aufrichten. Dort steht der „Toutonenstein" und auf ihm steht:

INTER TOVTONES
C
A
H
F

Ob der letzte Buchstabe wirklich ein F ist, oder ein I oder ein N – das weiß mit Sicherheit nur Meister Secues, dessen „Autogramm" auf einem flachen Stein vor der Toutonenstele auszumachen ist, und auch warum er aufhörte, die Inschrift zu vollenden. Aber dann wäre die sechzehnseitige Broschüre „Das Geheimnis des Toutonensteines" des Ferdinand Bock von Wülfingen nie geschrieben worden, und emsige Forscher hätten ihre Phantasie nicht so in Schwung bringen können. Daß mit den Toutones die Teutonen gemeint seien, glaubten die meisten. Man interpretierte die Stele als Markstein, Grenzstein, Grabstein, Feldmesserzeichen, Wegweiser, und zu Zeiten des himmlerischen

Ahnenkults als den „ältesten deutschen Runenstein", den die Römer geschändet und mit ihren Versalien verunziert hätten. Der fragmentarische Text wurde auf etwa zwanzigerlei Weise ergänzt. Theodor Mommsen (1817–1903) beteiligte sich daran nicht. „Das Wissen hört, wenigstens für mich, hier auf und das Raten fängt an für den, der daran Vergnügen findet", meinte er.
Vergnügen daran fanden jedenfalls Studenten. Sie lasen ganz unprätentiös „Cerevisiam Amant Hassi Fortiter", also „Bier lieben die Hessen sehr." Nun, Hessen ist nicht weit, und in Miltenberg braut man ein ungemein süffiges Dunkles, Schwarzviertler genannt, dem man sogar im englischen Dorchester heftig zuspricht.
Der Toutonenstein ist zweifellos ein Zeugnis römischer Präsenz. Triputensische Exploratoren, was immer das war, legten am Limes, der hier ans Mainknie stieß, ein Kastell an. Die Reste, draußen am Altstadtweg nach Kleinheubach zu, sind aus den gleichen roten Steinen wie die späteren Kirchen, Brücken, Mauern, Türme, Denkmäler, Bahnhöfe. Der rote Stein brachte auch das erste Zeugnis beginnenden Christentums auf unsere Zeit: ein Türsturz mit einem Kreuz im Ortsmuseum.

Ein Kreuz auf rotem Stein ist auch auf dem „Sachsengrab" in der Nähe des Bahnhofs. Hier liegen siebzehn der zweiundsechzig Soldaten des Jägerregiments vom „Banner der freiwilligen Sachsen" nebst den drei Fährleuten, die am 12. April 1814 durch Kentern der überbesetzten Fähre im hochgehenden Main ertranken.

Hier voll Hoffnung ihr alles im edelsten Kampfe zu wagen
Auf dem freudigen Weg zum hohen Ziele
Vertauschten Leben mit Leben im Wellenkampfe besiegt
LXII Mitglieder des Banners der freiwilligen Sachsen

Dabei hätte es überhaupt nicht mehr pressiert. Historische Reminiszenz: sechs Tage davor dankte nämlich Napoleon ab.
Wie der spitze Torturm weiter draußen ausweist, sind wir bereits innerhalb der Stadt, einer Stadt, die es eigentlich gar nicht geben dürfte, denn sie hat zwischen dem Steilhang des Greinberges und dem Main gar keinen Platz. Die Bürger haben aus ihrer Not eine Tugend gemacht und so wurde ihre Stadt halt lang. Kilometerlang. Eigentlich besteht sie bloß aus einer einzigen Straße, die vom Fluß oft genug überschwemmt wurde: „1682 die gros des mens," steht am Eck des Hauses Hauptstraße 275.
Unfern davon in der Löwengasse (Nr. 1) das Judenbad, ein schmalbrüstiges, viergeschossiges Fachwerkhaus, in dessen Keller sich eine Quelle befindet, die den Juden zu rituellen Waschungen diente.
Da war das ehemalige Judenviertel, im Schwarzviertel, Glasscherbenviertel nannte man später die Wohngegenden der Unterprivilegierten. In der Brauerei ‚Zum Kalt-Loch', wo das mundige „Schwarzviertler" entsteht, befindet sich die alte Synagoge. (Gotisch. Nicht zugängig.) Auch den Judenfriedhof gibt es noch. Vom Burgweg aus kann man ihn rechter Hand drunten, außerhalb der Stadtmauer, erspähen. Ich wollte ihn gern besuchen. Aber eine Einheimische beschied mich ärgerlich: „Wie man dort hinkommt? Weiß ich nicht. Da war ich mein Leben lang nicht." Sie war nicht mehr die Jüngste.
Näher zum Stadtkern hin steht geradezu ein „Defilée der schönsten Fachwerkpersönlichkeiten". Man kann angesichts der Fülle an Formen Fachwerk-Stilkunde treiben, allein schon an den verschiedenen Abwandlungen des Malkreuzes.
Besonders reichen Schmuck trägt das Haus Nr. 222: Laub- und Bandwerk, Spirale, Lebensbaum, Lilie, Sonnenformen schmücken das Balkenwerk. Mit dem Haus Nr. 104 wollte der Geselle Augustin Neuntzig seinem Meister den Rang

ablaufen. Ob ihm dies gelang, zeigt ein Vergleich mit dem nahen Renaissance-Werk des Jakob Stoer, dem Gasthaus „Zum Riesen“ (1590).
Es bezeichnet sich selber als „ältestes Gasthaus Deutschlands“, und man bietet dort ein wohl aus dem Mittelalter überkommenes Gericht an: Ochsenfetzen mit Spätzle.
Über seinem Toreingang steht:

Dieser baw stehet in gottes handt
Zum Rissen ist er genand
Fürsten und herren ist er woll bekandt
Bürger und bauren Steht er Zu Der handt

Die Gästeliste der ehemaligen Fürstenherberge liest sich

Tausend Meter Miltenberg

denn auch wie die Besetzungsliste zu Schillers Wallenstein-Dreiteiler:
Gustav Adolf, Wallenstein, Tilly, Pappenheim, Piccolomini, Gallas, Hatzfeld, Wrangel.
An vielen Häusern künden Barockmadonnen, daß man dem mächtigen Bischof von Mainz Zeugnis vom rechten Glauben ablegen wollte – auch wenn daneben Neidköpfe eher heidnisch wirken (Haus Nr. 274).
Im Rokokohaus am Marktplatz wurde 1756 der königlich-schwedische Hofkapellmeister Josef Martin Kraus geboren, ein bedeutender Komponist, zu dessen Tod 1792 Joseph Haydn (1732–1809) meinte: „Schade um den Mann, wie um Mozart" (1756–1791).

Das Juwel Miltenbergs, eine Fachwerkkostbarkeit allerersten Ranges, ist sein ehemaliger Marktplatz, gleich schräg gegenüber, Schnatterloch genannt; nicht etwa deshalb, weil sich hier die Hausfrauen am Brunnen festgeplaudert hätten, nein, Schnatterloch heißt so viel wie „bewaldeter Einschnitt" nach dem alten Wort snade für Schneide.
Die lateinische Inschrift am achteckigen Marktbrunnen mit seinen sechs Kandelabersäulchen ist kaum noch lesbar. Sie lautet übersetzt:

> Mitten auf dem Berg war ich verborgen,
> da wurde ich unter dem Rentmeister Theobald Megel,
> daß ich für das Volk mit frischem Wasser sprudle,
> von Johann Bonn erbaut, und stehe nun da mit dem
> Beifall des Bürgers.

Im Gackstättischen Haus (Weinhaus am Markt) hat am Schnatterloch, wie eine Balkeninschrift zeigt, der Schulrat und Schriftleiter der „Jugendlust" Ludwig Coelestin Bauer (1832–1910) gewohnt, Dichter eines Liedes, das einst von Männerchören und Marschkolonnen inbrünstig gesungen wurde:

O Deutschland hoch in Ehren!
Du heil'ges Land der Treu!
Hell leuchte deines Ruhmes Glanz
in Ost und West aufs neu!
du stehst wie deine Berge fest
gen Feindes Macht und Trug,
und wie des Adlers Flug vom Nest
geht deines Geistes Zug.
Haltet aus, haltet aus,
lasset hoch das Banner wehn!
Zeiget ihm, zeigt der Welt,
daß wir treu zusammenstehn!
Daß sich unsre alte Kraft erprobt,
wenn der Schlachtruf uns entgegen tobt!
Haltet aus im Sturmgebraus,
haltet aus im Sturmgebraus!

Nun, die Präsidentengattin Elly Heuß-Knapp (1881–1952) meinte, Miltenberg erscheine ihr immer als das Herz Deutschlands. Dazu paßt gut eine Dichterin, Helmina von Chezy (1783–1856, vgl. Aschaffenburg, Band 1), die oberhalb vom Schnatterloch in der Mildenburg logiert hat, mit ihrem Lied:

Ach wie ist's möglich dann,
daß ich dich lassen kann ...

8760 Miltenberg, 9 700 Einwohner, Auskunft 0 93 71/6 72 72
Topographische Karte 1:50 000 L 6320 Miltenberg.
Sehenswert: Stadtbild (Marktplatz), Würzburger Tor, Mildenburg, Gasthof Zum Riesen.
Aschaffenburg 40 km, Würzburg 60 km, Frankfurt 60 km.

Quellen: Richard Henn, Werner Dettelbacher, Eduard Hartmann, Wilhelm Otto Keller.

MURNAU

Kaiser Ludwig der Blaue Reiter

Ludwig dem Bayern (1287–1347) flickte ein Schusterbub einen Schuh, ohne daß dazu der Kaiser vom Pferd zu steigen brauchte. Aus Dankbarkeit, daß er Murnau die Marktrechte und ein Wappen verliehen hatte. Also, wenn das ein Grund für einen Lehrbuben ist?
Nun, die Sage will es so. Ein Grund für die Murnauer war es jedenfalls, den Gönner zwischen zwei Fenster an ihr neogotisches Rathaus hinzumalen und darunter zu schreiben:

> LUDWIG + DER + BAYER + ROEMISCHER + KOENIG UND KAISER + DES + DEUTSCHEN + + REICHES + HERZOG + VON + BAYERN + SCHUETZER + DES + GEFREITEN + MARKTES MURNAU + ANNO DOMINI 1332

Aber die Markterhebung war zehn Jahre früher. 1332 hat der Regent den ganzen Kayhserlich Gefreytten Marckht Murnaw einfach ans Kloster Ettal verschenkt, was einen jahrhundertelangen Prozeß nach sich zog.
Geblieben ist das Wappen, ein „linkshin gewendeter, widerschauender, grüner Lindwurm – Zunge und Klauen rot – Untergrund silbern." So ist er am Rathaus auszumachen, an den neumodischen Türknäufen der Stadtsparkasse, und, zusammen mit seinem Bezwinger, Sankt Georg, direkt im Angesicht des Kaisers auf dem Brunnen vis à vis und im anmutigen Durchbruch des Schwibbogens zur Grüngasse. Läßt sich denken, daß der „heilige Stich, der den Drachen erschorscht" ein beliebtes Motiv der hiesigen Hinterglasmaler war.
Im 18. Jahrhundert war der Staffelsee ein Zentrum dieser Kunst. In Murnau allein waren es achtzehn Werkstätten;

dazu kamen noch die Malergenerationen Kirchmaier, Gege und Noder im wunderschönen Dorf Seehausen und in Uffing. (In der dortigen Hanfstaengl-Villa wurde, zwei Tage nachdem er beim ersten Schuß anläßlich seines Putsches 1923 in panischer Angst davongerannt war, Hitler am hellichten Nachmittag im Schlafanzug verhaftet.)
Hinterglasmaler gibt es nur noch wenige. Der Malermeister Fischer betreibt die artige Kunst seit einem halben Jahrhundert, und er entdeckte die mit dem Aussterben der Gege verlorengegangene Technik des blattgoldunterlegten Rußbildes neu.

Gabriele Münter, 23jährig

1909 kam ein Malerpaar nach Murnau, das die Hinterglasmalerei in ihrer handfesten Spielart „mit unbekümmerter Vereinfachung, starken Farben und schwarzen Konturen" sofort faszinierte.
Sie, Gabriele Münter (1877–1962), griff begierig nach dem ihr neuen Medium: Heilige, Stilleben, Landschaften entstanden hinter Glas.
Er, Wassily Kandinsky (1866–1944; vgl. Kallmünz, Band 1 und Nabburg, Band 2), sprang auf den heiligen Georg an. Sein erster entstand auch hinter Glas. Doch die Metamorphose nimmt ihren Fortgang: Er bemalt spielerisch die Treppen und Möbel ihres Häuschens. Und da tauchen immer wieder Reiter auf, hinschabloniert, darunter blaue. „Mein Toilettenschränkchen hat K. bemalt, zart und humoristisch. Am mittleren Fach rennen ein ‚blauer Reiter' und eine dunklere Reiterin. Er wendet sich um nach ihr und winkt und sie rennt, was sie kann", erinnert sich Gabriele Münter.
„Blauer Reiter" nennt sich summarisch die Künstlergemeinschaft, zu der neben Kandinsky und Münter Franz Marc, August Macke, Alfred Kubin, Paul Klee, Robert Delaunay, Alexey von Jawlenski und Marianne von Werefkin gehören. In Murnau hält die Kunstgeschichte für einen Augenblick den Atem an.
Aber wer merkt es?
Marc, der vom nahen Sindelsdorf oft herüberkommt, schreibt im Almanach des Blauen Reiters 1912:
„Es ist merkwürdig, wie geistige Güter von den Menschen so vollkommen anders gewertet werden als materielle. Erobert z.B. jemand seinem Vaterlande eine neue Kolonie, so jubelt ihm das ganze Land entgegen. Man besinnt sich keinen Tag, die Kolonie in Besitz zu nehmen. Mit gleichem Jubel werden technische Errungenschaften begrüßt.
Kommt aber jemand auf den Gedanken, seinem Vaterlande ein neues reingeistiges Gut zu schenken, so weist man dieses fast jederzeit mit Zorn und Aufregung zurück, ver-

dächtigt sein Geschenk und sucht es auf jede Weise aus der Welt zu schaffen; wäre es erlaubt, würde man den Geber noch heute für seine Gabe verbrennen.
Es ist wahnsinnig schwer, seinen Zeitgenossen geistige Geschenke zu machen."
Und was ziert das Titelblatt dieses Almanachs? Ein schon recht abstrakter Sankt Georg!
So kommt unser Kaiser Ludwig mit seinem Wappendrachen wieder aufs Tapet. Halt! Eine Sage gibt es auch, wonach ein Lindwurm der Stadt „Wurmau" arg zugesetzt hätte, bis ihn ein „Schnapphahn" mit einem explosiven Köder erlegte, einer mit ungelöschtem Kalk gefüllten Kalbshaut. Nach anderer Lesart war es ein mutiger – Schusterbub (sic!). Für die Murnauer ist die Kleinvilla Kottmüller Allee Nr. 6, in der Leute namens Sacharoff, Burljuk und Bechtejeff verkehrten, sowieso bloß das Russenhaus gewesen. Und was die zusammengemalt haben!
Kandinsky, der ungeduldige Schüler des Franz von Stuck (1863–1928; vgl. Griesbach, Band 2), hatte in seiner Münchener Wohnung in der Ainmillerstraße 36 laut eigenem Zeugnis eine Vision von einem „unbeschreiblich schönen, von einem inneren Glühen durchtränkten Bild" und plötzlich wußte er, „daß der Gegenstand seinen Bildern schadet". Dies war die Geburtsstunde der abstrakten Malerei. Sie begann sich in Murnau sogleich auszuwirken.
Von Gabriele und Wassily ist eine Menge von Bildern aus der nächsten Umgebung, quasi vor der Haustür gemalt, auf uns überkommen. Ein Vergleich mit dem Heute ist pikant. Der Architekt Joachim F. Giessler (Jahrgang 1944) fand an dem Detektivspiel „Wo entstand was?" einen so großen Gefallen, daß er jahrelang auf den Spuren der beiden wandelte. Das schlug sich erfreulicherweise in einem wohl einmaligen Führer nieder: Nach einer Karte kann man „Auf den Spuren des Blauen Reiters" siebzehn Motive erwandern. Um den Plan herum sind sie alle abgebildet. In beiden Aggregatzuständen, damals und heute. Schwarzweiß. Aber von etli-

chen gibt es recht gute Drucke, auch als Kunstpostkarten. Kandinsky mußte bei Kriegsausbruch 1914 Deutschland verlassen. 1917 heiratete er Nina von Andrejewski, den späteren Schrecken der Museen.

Gabriele war vernichtet, ihr künstlerischer Impetus gebrochen. Erst als ihr in Murnau 1931 in dem noblen Kunsthistoriker und Philosophen Johannes Eichner (1886–1958) ein einfühlsamer Lebensgefährte erstand, malte sie wieder – bis sie die Nazis verboten.

Aus dem Russenhaus wurde das Münterhaus. Die Malerin stiftete 1957 das Werk Kandinskys bis 1914 (120 Arbeiten!) der Städtischen Galerie in München, wo auch vierundvierzig ihrer großartigen Bilder zu sehen sind.

„Eine präzise, diskrete, zarte und doch stark geprägte Zeichnung, die aus den Elementen der Schalkhaftigkeit, Melancholie und Träumerei besteht – echt deutsche Eigenschaften der besten deutschen Zeiten, wie man sie bei den alten Meistern sieht und die man in der deutschen Volksmusik und Volksdichtung hört", schrieb noch Kandinsky von ihnen.

Das Münterhaus ist heute ein liebenswürdiges Museum, ein Zeugnis, daß Murnau durch die beiden Maler zu einem wichtigen Ort der modernen Kunstgeschichte geworden ist.

Die Stadt hat nach Kandinsky eine Sackgasse genannt. Gabriele Münter nennt kein Straßenschild. Ihr Grab kennt kaum noch jemand; zu den achtzehn Ehrenbürgern der Stadt zählt sie nicht.

Dem Grab neben Münter und Eichner sieht niemand eine ähnlich dramatische Story an. Es ist das Familiengrab der Horvaths. Es birgt niemanden dieses Namens. Dort ruhen nur Josef und Marie Prehnal, er Inspektor der österreichischen Nationalbank, sie k. u. k. Oberstabsarztwitwe, Onkel und Tante des Ödön, der mit seinen Eltern 1923 nach Murnau kam.

An Stelle des heutigen Horvath-Hauses stand damals die

Horvath-Villa. Von hier konnte der Dramatiker dem Hotel „Zur schönen Aussicht" in die Fenster sehen. Und so hieß dann auch eines seiner bissigen „Volksstücke". Das Hotel hat erst 1982 einem Neubau Platz machen müssen. An die – freilich nicht schmeichelhafte – Sternstunde der Weltliteratur erinnert noch eine Gedenktafel:

> Hier stand bis 1973 das Horvath-Haus
> Ödön von Horvath 1901–1938
> lebte und schrieb hier mit Unter-
> brechungen von 1923 bis 1933. Hier
> entstanden nach oberbayrischen
> Motiven die Dramen: Die Bergbahn
> 1926. Zur Schönen Aussicht 1926.
> Italienische Nacht 1930. Er wandte
> sich darin gegen Ausbeutung, Selbst-
> gerechtigkeit und Besitzdenken!

Zu Beginn der „Italienischen Nacht" sagt eine der Gestalten auf die Frage, was es Neues gäbe, „daß die Herren republikanischen Pensionenempfänger reaktionäre Parademärsche veranstalten mit Feldgottesdienst und Kleinkaliberschießen und daß wir Republikaner uns das alles gefallen lassen".

Das könnte heute geschrieben sein. Nur daß halt zwischen damals und jetzt die größte Katastrophe der deutschen Geschichte liegt, mitverursacht von eben jenen republikanischen Pensionenempfängern. Und drum hat vielleicht Christoph Probst (1919–1943) keine Gedenktafel an seinem Geburtshaus Kohlgruberstraße 20. Probst wurde als Mitglied der Weißen Rose hingerichtet.

Von derartigen linken Gastspielen in ihrem geliebten Murnau steht nichts in der gedichteten Chronik, dem „historischen Sing-Sang von 4 000 v. Chr. bis zur Gegenwart" mit dem Titel „Bin ein Kind der kleinen Stadt" von Irmingard Zeitler (Jahrgang 1910). Das im Eigenverlag erschienene

Buch des „Werdenfelser Schwans“ sei allen Fans von Friederike Kempner oder Mary Stirnemann-Zysset warm ans Herz gelegt. Kostprobe:

1919 Münchens Räte-Republik
blieb in München – unser Glück!
Niemand ist da aufmarschiert,
nichts, nein gar nichts ist passiert
in dem guten Städtchen –
Glücklich Bursch’ und Mädchen!

(Die jammervollen Illustrationen aus gleicher Hand kriegt man gratis dazu.)

Der heimatseligen Dichterin, die Kandinsky einen Gildenzwerg heißt, liegen verständlicherweise andere Milieus besser. Etwa jenes des Hellabrunn-Architekten Emanuel von Seidl (1856–1919), Bruder des Gibi-Gabi (Gabriel von Seidl; 1848–1913), der Murnaus Stadtbild aufgemöbelt hat: „Klein-Innsbruck“ apostrophierte man es deswegen. Seine Jugendstil-Villa gibt es nicht mehr. Abgerissen. Nur ein paar Beerensträucher künden von ihrer Existenz am Rand des Seidl-Parks, in dem eine vermooste Steinbalustrade, Sonnenuhrreste im zerbröselnden Mosaikpflaster und recht beziehungslos im Kreis herumstehende Stelen mit den Köpfen von Shakespeare, Goethe, Bach und Beethoven an einstige Pracht erinnern. Die Feste in diesem „Märchenpark“ bedichtet Irmingard Zeitler heftig. Und natürlich den König Ludwig Zweitens, der in Murnau sein erstes Denkmal gesetzt bekam, das einmal von frevler Hand blau (sic!) angestrichen wurde. Und vom Goethe-Institut zu Murnau berichtet sie:

Es lernen da mit sehr viel Mut
aus aller Herren Länder
die braunen schwarzen Söhne,
die hellen zart getönet –
die besten ihrer Leute
die deutsche Sprache – heute.

Über das Originellste des ganzen schmucken Marktes mag sie sich natürlich nicht verbreiten: einen Brunnen am Kirchsteig, allgemein „Putzfrauendenkmal" geheißen. Da hängt, alles in edel geädertem weißen Marmor, ein Putzhadern über einem Schrubber, der in heroischer Pose an einem Putzkübel lehnt, aus dem das Wasser überläuft; treppab rinnt es dann über eine phantasievolle Kaskade weißer Marmorstaffeln – in einen Gulli hinein. Ein Zeugnis bester Pop-Art von unterkühltem Humor von Hans Angerer (Jahrgang 1947).
Prominente? Da lebt in Murnau der Nazi-Barde Hans Baumann (Jahrgang 1914), Dichter der unsäglichen „Morschen Knochen" und des Stille-Nacht-Ersatzes „Helle Nacht der klaren Sterne", heute der „Kinderbuch-Baumann".
Max Dingler (1883–1961), langjährig maßgeblich am „Bayrisch Herz" des Bayerischen Rundfunks beteiligt, war ebenfalls in Murnau ansässig. Ihm danke ich eine frappante ethymologische Erweckung:
In einer „Denkschrift über die sprachliche Säuberung der oberbayerischen Speisenkarte" führt er beredt-berechtigte Klage über Sprachverhunzung der eigenen Landsleute, die, ohne jede Not, Blaukraut in Rotkohl, Knödel in Klöße, Rahm in Sahne, Topfen in Quark, Semmel in Brötchen, Ochsenaugen in Spiegeleier, Soß in Tunke, Haschée in Hackepeter umtaufen.
„Das Dümmste aus der Sprachverstümmelung hervorgegangene Wort auf der neubayerischen Speisenkarte", schreibt der Wackere dann, „ist wohl das ‚Fleischpflanzel'. Wer mag zum ersten Mal das ‚Pflanzel' aufgebracht haben?" Ja, das frag' ich mich auch. Ich kenne es meiner Lebtag als ein solches und habe es noch nie anders vernommen. Auch die Generation vor mir hat das Fleischpflanzl Fleischpflanzl genannt. Der Sprachverbrecher muß also im vorigen Jahrhundert zu suchen sein – denn alle von mir aufs eindringlichste Befragten wissen es auch nicht anders. Und du, geneigter Leser, bayerischer?

Wie heißt es denn nachher nun wirklich und wahrhaftig, das Fleischpflanzl?
Max Dingler, erlöse uns: „Es heißt nicht Pflanzel, sondern Pfanzel, weil es in der Pfanne zubereitet wird!"
Glauben Sie nicht? Ja, dann schauen Sie doch einmal im Duden nach! Und was steht da?
Da steht: „Pfanzel (bayr. für Frikadelle)."
Wer gibt da nach? Wir oder der Duden? 1956 hat Siegfried Sommer (Jahrgang 1914) eine dinglerische Klage losgelassen, in der es heißt: „Rannen und Fleischpflanzl (sic!) haben Roten Beeten und Deutschen Beefsteaks Platz gemacht." Die Leute, inclusive Speisenkarten und Zeitungen, bleiben hartnäckig beim Pflanzl. Und das schon seit gut und gern hundert Jahren. Vielleicht weil das Wort so plastisch ist: Man sieht förmlich wie geschickte Hände das Fleischlaiberl in die Pfanne pflanzen. Und drum wird wohl oder übel eines Tages im Duden stehen müssen: „Pflanzel (ehemals Pfanzel) ..."
Es hilft nichts: Das Fleischpfanzel ist tot. Es lebe das Fleischpflanzl!

Publicity über die Grenzen der Bundesrepublik hinaus erhielt Murnau 1976, als der „Wadlbeißer" für Schlagzeilen sorgte. Das mysteriöse Tier – vermutlich ein großer Hecht – griff damals im Froschhauser See Badegäste an und verletzte sie schmerzhaft. Allen Nachstellungen mit Angeln und Netzen ist der aggressive Seebewohner bis jetzt entgangen. Zuletzt schnappte er am 15. August 1979 zu, sein „Opfer" war der Sohn einer Zimmervermieterin.
Dennoch ist man dem „Untier" dafür dankbar, daß es den internationalen Bekanntheitsgrad des Luftkurorts wesentlich erhöhte. Der neue Pressedienst, mit dem das Verkehrsamt künftig seine Öffentlichkeitsarbeit erheblich verstärken will, erscheint bezeichnenderweise unter dem Titel: „Der Wadlbeißer".

8110 Murnau, 10 500 Einwohner, Auskunft 0 88 41/20 74
Topographische Karte 1:50 000 „Pfaffenwinkel, Staffelsee und Umgebung."
Sehenswert: Staffelsee, Pfarrkirche, Münterhaus, Gartentür Schloßbergstraße 30, Ramsachkircherl.
Weilheim 18 km, Garmisch-Partenkirchen 25 km, München 60 km.
Quellen: Ernst Krönner, Rosel Gollek, Hans Dollinger.

NIEDERALTAICH

Mönch auf Zeit

Zwei riesige *alte Eichen* seien früher dort gestanden. Eine davon, die *niedrigere,* sei der Göttin Isis geweiht gewesen. Sie habe der Bischof Pirmin (Gründer des Klosters Reichenau; 690–753; vgl. Amorbach, Band 1) gefällt. An gleicher Stelle sei ein Kloster entstanden, „Niederaltaich", eines der bedeutendsten Klöster Bayerns, in dem vom 6. bis zum 8. Jahrhundert das erste Gesetz Bayerns, die Lex Baiuvariorum entstand. Die Ableitung des Klosternamens ist natürlich Legende. Wirklich kommt er von Altaha, Altach, womit Altwasser, hier eben das der Donau, gemeint ist und das es ja noch gibt: bei Winzer fließt es in die „neue".
Das Rodungskloster vor dem Böhmerwald wurde mächtig und reich. Es besaß beispielshalber in Spitz bei Krems vierzig Weinberge, darunter den ergiebigen Tausendeimerberg. Macht und Reichtum eines Klosters lassen sich an seiner Kirche ablesen. Und die Niederaltaicher ragt mit ihrem enggestellten Doppelturm mächtig aus dem weiten Donautal empor. So war sie nicht immer. Stark wandelt sich ihr Gesicht im Laufe ihres tausendjährigen Bestehens. Die Romanik geht, die Gotik kommt. Lange hat sie nur einen Turm, aber immer vereinigt das riesige Dach drei mächtige Schiffe unter sich. Alle alten Darstellungen zeigen welsche Turmhauben.
Freilich, wer heute in dem beschwingten barocken Innenraum steht, glaubt der Basilika die Gotik nicht: Er vergißt darob sogar die mächtigen Strebepfeiler draußen. Da war ein genialer Baumeister am Werk: Grandios seine Idee, mit Emporen die Seitenschiffe zu teilen und so eine „Oberkirche" entstehen zu lassen, die mit dem Hauptraum über ovale Öffnungen in Verbindung steht, was traumhafte Perspektiven eröffnet.

Da passierte dem Passauer Domkapitelmeister Jakob Pawanger (oder Bachwanger; 1680–1743) ein Mißgeschick, das ihn berühmter machte als seine großartige Arbeit: Als sich der Chor wegen eines Fehlers in der Fundamentierung senkte, malte er die entstehenden Risse zu und spannte Schlaudern, die freilich mit fürchterlichem Knall sprangen. Pawanger wurde gefeuert, der Chor abgerissen und der junge Johann Michael Fischer (1692–1766; vgl. Burglengenfeld, Band 2) bekam seinen ersten größeren, selbständigen Auftrag. Es wurde gleich ein Meisterstück. Die von ihm erbaute Sakristei gilt als die schönste der Welt und mit ihren dreißig Kelchschränken auch als die größte. So groß, daß ein Bauer staunte: „Herrschaftseiten! So a Trumm. Do konn ja a Heiwong wendn!" Ein anderer junger Künstler fügte noch ein Meisterwerk hinzu: der Österreicher Wolfgang Andreas Heindl (1693–1757). Für seine verschmitzten Details nur ein Beispiel: Im linken „Unterschiff" malte er einen Putto mit dem Schwert des Petrus, an dem noch das Ohr des soeben schlecht anvisierten Malchus klebt.
Das Benediktinerkloster hat in der langen Zeit seiner Geschichte viele Äbte gehabt. Seinen größten jedoch vor tausend Jahren. Er ist weltberühmt. Nach ihm wurde sogar ein Berg in der Schweiz genannt. Es ist St. Gotthard (960–1038).
Im Godlhof zu Reichersdorf, fünf Kilometer südöstlich vom Kloster, soll er, Godehard, geboren worden sein. Da hat man sogar sein Geburtszimmer zu seinem Andenken freigehalten. Es wird viel besucht, und eine Schulklasse oder ein Omnibus voll Leut hat schon Platz drin. Draußen vorm Dorf steht über der Gotthardquelle die Gotthardkapelle. Mit einem Reliquiar von ihm. Und der Pfarrer von Schwanenkirchen besitzt sein Bild.
Wie er wirklich ausgeschaut hat, weiß man natürlich nimmer. Aber mit oder ohne Bart: Eine gewisse Ähnlichkeit weisen alle Darstellungen durch die Jahrhunderte auf. Godehard war ein zupackender Mann. Er war Künstler,

Schreiber, Architekt, Erzgießer, Maler, Schriftsteller, Gelehrter, Mönch, kaiserlicher Ratgeber, Bischof – und er griff sogar selber zur Maurerkelle. „Die große bayerische Gestalt des frühen Mittelalters“ – und dessen größter Bauherr.

Als ihn Kaiser Heinrich der Heilige (973–1024) zum Bischof von Hildesheim machte, meinte er zwar, „lieber in Bayern ein Abt als da oben ein Bischof" zu sein, aber er gehorchte. Schweren Herzens. Und aus Gehorsam brachte er die Stifte Tegernsee, Hersfeld, Kremsmünster und Fulda wieder in die Höhe. Seine demütige Devise: „Man muß halt nicht nur den guten und bescheidenen Herren gehorchen, sondern auch den wunderlichen."

St. Gotthard hilft gegen Gicht, Rheuma, Nierensteine, Kinderkrankheiten, schwere Geburt, Blitz und Hagel, ist also ein Patron ganz nach dem Herzen des Landvolks. Seine Reliquien verwahrt das Kloster in einem eigenen Altar: Abtstab, Gürtel, Mantel und Sandalen.

Alle Äbte waren freilich nicht so heiligmäßig. Da wäre als einer der letzten der Prälat Augustin Ziegler, „der einen förmlichen Hof hielt, sich den Exzellenz-Titel kaufte, die Einkünfte des Klosters von 180 000 Gulden vergeudete, in aller Stille noch eine halbe Million aufs Konto brachte und nach seiner Absetzung mit 200 Dukaten Pension, Holz und Wein sich nach Straubing setzte, um, wie er sich fromm ausdrückte, seinem Gott in Ruhe zu dienen. Um diese reichen Prälaturen her war die Moralität so sehr gesunken, daß das fünfte oder sechste Kind unehelich war, daher die Obrigkeit endlich nach den Ursachen forschte und ein offizieller Bericht der Seelsorger äußerte, das Weibsvolk der Gegend trage zu kurze Röcke!"

Dies berichtet Karl Julius Weber (1767–1823) in seiner trefflichen „Reise durch Bayern". In seine Zeit fällt die vielgelästerte Säkularisation. Daß sie nicht so ganz und gar unnötig und schädlich war, läßt dieser Prälat Ziegler ahnen. Drum soll auch einmal die andere Seite zu Wort kommen: „Zwischen gestern und heute ist eine Kluft von tausend Jahren! Von nun an wird die sittliche, geistige und physische Kultur des Landes eine neue, eine aufgeklärte Gestalt annehmen zum Segen der gesamten Population. Die philosophischen Geschichtsschreiber werden in nicht allzufer-

ner Zukunft von der Auflösung der Klöster wie von der Aufhebung des Faustrechts schreiben. Und man wird sich dann den Ruinen der Abteien mit jenen gemischten Gefühlen nähern, mit welchen man jetzt die Trümmer der alten Raubschlösser betrachtet!"
So weit kam es in Niederaltaich nicht. Im Gegenteil. Im Kloster ist heute ein musisches Gymnasium. Auch ist es berühmt als ein Zentrum der Una-Sancta-Bewegung, und – man kann dort „Bruder auf Zeit" werden. Wobei es die leitenden Benediktiner nicht auf Bekehrung abgesehen haben: „Das Geheimnis der Spiritualität vermittelt sich dem kirchenfernen Klostergast zum Beispiel schon beim bloßen Anhören des Gregorianischen Chorals der Mönche. Die lateinischen Texte muß er gar nicht verstehen – Gleichmaß, Rhythmik, geformte geistige Disziplin strahlen eine Art von Sehnsucht und Sicherheit zugleich aus, die sich auf den Hörer als Ruhepunkt im Gefühl der Zeitlosigkeit übertragen."
Um das Kloster drängt sich das Dorf. Wie um jede große Abtei hat sich auch in Niederaltaich kein selbstbewußtes Bürgertum gebildet. Wie anderswo gibt es auch hier kein Rathaus von einigem Stolz. Die Häuser liegen nach wie vor geduckt im klösterlichen Schatten, ohne von ihm abhängig zu sein.
Der Fischer Georg Kainz baut noch – als einzige Attraktion – seine Zillen. Raritäten, von tausend Mark aufwärts. Das gesellschaftliche Leben wird stark von der Freiwilligen Feuerwehr befruchtet. Sie beging 1975 ihre Hundertjahrfeier. Über die Wehren schreibt Meyers Konversations Lexikon" von 1894:
„Sie sind von sehr verschiedener Güte. Während eine kleine Anzahl derselben allen Ansprüchen genügt, läßt der größte Teil etwas, viel oder fast alles zu wünschen übrig."
Eine Meinung, die sich bis in die Gegenwart herein in ironischen Gedichten und Anekdoten niedergeschlagen hat. An keinem Bunten Abend fehlte ein einschlägiges Couplet

über die messingsbehelmten Vereinsmeier mit ihrem komischen Kommando „Wasser marsch!"
Nun, stellvertretend für die bayerischen Wehren sei hier der komplette Hundertjahresbericht der Niederaltaicher Freiwilligen Feuerwehr zitiert:

„Im folgenden werden Brände aufgezählt, bei denen die Feuerwehr tätig war:

1881: Erster Brandeinsatz der neugegründeten Wehr bei Hierbeck Josef.
1886: Ein wegen Holzlagerung im Bräustadl des Batzelberger Josef 3 Tage dauernder Brand.
1982: Bei Nickl Mathias.
1909: Zimmerbrand bei Johann Märkl wegen Trocknen eines Kinderstrohsackes. Die ausgerückte Wehr brauchte nicht mehr einzugreifen.
Kaminbrand bei Dreher Johann, Metzger. Feuerwehr nicht ausgerückt.
1911: Blitzstrahl bei Michl Habereder hat nicht gezündet.
1913: Blitzstrahl bei Messert Michl hat nicht gezündet. Faßexplosion beim Pichen der Lagerfässer.
1917: Aus dem Schlauche des Viehfuttersiedekessels bei Franz Jakob flogen Funken in einen Strohhaufen.
1920: Es fiel ein „Kinderditzl" unter das Bett, der mit Licht gesucht wurde; es entzündete sich das Bett; der Zimmerplafond fiel herab und 8 Fensterscheiben zersprangen. Der Brand wurde von den Hausbewohnern gelöscht.
1925: Ein Blitzstrahl fuhr in den Stadel des Bäckers Joh. Greipl, zertrümmerte einen Balken und zerriß viele Latten, fuhr in der Elektrizitätsleitung fort, sie zerreißend und den Zähler herabschmetternd, flammte am rechten Ecke auf, was jedoch bald wieder gelöscht werden konnte.
1927: Zimmerbrand bei Franz Bauer. Beim Suchen von Spielgerät durch einen Knaben wurde ein „Kastell" in Brand gesetzt.
1928: Schupfe bei Joh. Graßl durch Brandstiftung in Brand

gesetzt. Doch verbrannte nur etwas Stroh und Holz und ein Fensterstock.
1929: Im ehemaligen Hilfslehrerzimmer im Kloster wurde geheizt und es ist vermutlich ein Funken herausgesprungen, der den Boden anbrannte.
1930: Brandursache beim Feuer von Wohnhaus, Stadel und Stall des Gütlers Alois Mirfanger unbekannt, möglicherweise Kurzschluß. Mit rapider Schnelligkeit verbreitete sich das Feuer.
1932: Zur Brandbekämpfung bei Alois Kellner und Alois Kronschnabl wurde vorbildlich zusammengearbeitet. Der Brand brach um 9.25 Uhr aus und war um 2 Uhr nachts gelöscht.
In einer Kammer von Otto Kainz wurde eine Kerze zu löschen vergessen. Es brannte die Bank an ohne größeren Schaden anzurichten.
1942: Brandstiftung im Dach des Seminars, im Holzlager der Klosterschreinerei und im Klosterdachstuhl.
1943: Düngerhaufenentzündung. Einsatz mit weibl. Wehr.
1948: Achatz beim Dreschen.
1959: Totalbrand des Anwesens Sauerer Anton. Ursache ungeklärt.
1962: Brandstiftung im Klosterstall.
1964: Brandstiftung der Holzlege beim Haushofer.
1968: Entstehungsbrand im Anwesen Ertl Karl.
1969: Beim Scheunenbrand bei Prichodko Serge wurde das Wohnhaus gerettet, obwohl Dachstuhl von innen schon erfaßt; Alarmierung war schwierig, da das Telefonnetz ausgefallen war.
Beim Brand des Späneturms der Schreinerei Denk wurde das angebaute Werksgebäude gerettet.
1970: Das in der Donau treibende, in Brand geratene Boot der Gebr. Wahler, Hengersberg, wurde mit Leinen an Land gezogen und gelöscht.
Feueralarm, weil aus dem linken Kirchturm Rauch trat, war aber ein Bienenschwarm.

1971: Zimmerbrand bei Maria Kainz wurde von den Hausbewohnern gelöscht.
Beim Brand des Hühnerstalls im Anwesen Waas wurde Wohnhaus und Nachbarhaus Preis trotz Wassermangel gerettet."

8351 Niederaltaich, 1600 Einwohner, Auskunft 09901/455
Topographische Karte 1:50 000 L 7344 Vilshofen.
Sehenswert: Basilika.
Vilshofen 21 km.

Quellen: Carsten-Peter Warncke, Joseph Berlinger, Georg Stadtmüller, August Sieghardt.

STRAUBING
Hinaus in die Ferne

Jetzt muß ich Ihnen unbedingt erzählen, wie niederbayerische Bauern einen Krieg im Gäuboden verhindert haben: Stark hat er sich gemacht bei der Regierung in München, der Graf Bray von Irlbach, auf daß die Schambacher eine Bahnstation kriegen, und sich dann schon ein bisserl geärgert, wie sie dann auf einmal gar keinen Bahnhof nicht mehr gewollt haben. Verlegen sind sie vor ihm gestanden und haben ihre Hüte gedreht: Ja halt, haben sie gemeint, die Schambacher, weil man gar so viel hört in letzter Zeit von einem Krieg gegen die Franzosen. Und was dann, wenn die auf einmal mit einem Eisenbahnzug voller Militari daherkamen und akkurat an der Station Schambach halterten? Könnte doch sein, oder? Dann hätten sie den größten Palawatsch direkt vor der Haustür! Und das mit so vielen heiratsfähigen Töchtern im Dorf. Man hört ja in der Beziehung allerhand von diesen Franzosen!
Da hat dann halt Amselfing den Bahnhof gekriegt. Und wie der Krieg wirklich ausgebrochen ist, anno 1870, und keine Franzosen nicht gekommen sind auf Amselfing zu einer Schlacht, da hat er ihnen gestunken, den Schambachern. Aber das ist inzwischen der Schnee vom vorigen Jahrhundert, denn in Amselfing hält schon seit fünfzehn Jahren kein Zug mehr, und wer unbedingt mit der Eisenbahn fahren will, der muß halt mit seinem Auto zum Bahnhof nach Straubing fahren. Dies geschieht öfter als man vielleicht glaubt, und zwar wegen dem niederbayerischen Fernweh. (Vgl. Tittling, Band 1 und Waldkirchen, Band 2.) Da wäre der „Bruder Straubinger“, ein Luftikus von einem Bräuknecht, der zum sprichwörtlichen Inbegriff des Handwerksburschen schlechthin geworden ist, vor allem seit ihn

Edmund Eysler (1874–1949) in seiner Operette zur Haupt- und Titelfigur gemacht hat. Die Heimatstadt ehrt ihn mit einem Denkmalsbrunnen am Stadtgraben.
Auch acht junge Straubinger wurden von Bruder Straubingers Fernweh infiziert. In den frühen 30er Jahren kamen Erwerbslose auf kuriose Ideen, um sich durchzubringen. Ich erinnere mich an einen Bruckwagen mit einem Kölner Dom aus abgebrannten Zündhölzern, den ihre Erbauer von Ort zu Ort zogen. Sie lebten vom Verkauf von Ansichtskarten dieses Domes. Ebenfalls Postkarten von sich und seinem Gefährt verkaufte ein junger Mann, der einen mannshohen „Fußball", in dem er auch wohnte, hinter sich herzog.
Und dies ist die Straubinger Postkarte.

Auf ihr stand: „8 junge Straubinger (Bayern) erbauten sich trotz langjähriger Stellungslosigkeit das Boot „Bruder Straubinger" mit welchem sie eine Weltreise unternehmen – Abfahrt Juni 1932."

Aber so weit wie der Ulrich Schmidl (1510–1579) sind sie nicht gekommen: Bayerns einzigen Konquistadoren führten Fernweh und Abenteuerlust bis ins legendäre Goldland westlich des Rio de la Plata. Seine kaltblütige Soldateska, die vor keinem Verbrechen und keiner Grausamkeit zurückschreckte, verbrachte zwanzig Jahre in ärgster Not und Bedrängnis, zog zehntausend Kilometer kreuz und quer durch weglose Sümpfe, ausgebrannte Salzwüsten und wuchernde Urwälder und „gründete" sozusagen nebenbei die Städte Buenos Aires, Corpus Christi und Asunción. Die Freibeuter kehrten schließlich als reiche Männer heim.
Nur nicht unser Schmidl. Der besaß zwar neben „fünfzig Männern, Frauen und Kindern als Sklaven" ebenfalls genug und schaffte seinen Reichtum auch bis Cadiz, wo er ihn auf ein neues Schiff umlud, dessen Kapitän aber ohne ihn auslief. Glück im Unglück: Der Segler zerschellte in einem Sturm. Wäre er an Bord gewesen, nie hätte die Welt von einem Ulrich Schmidl vernommen. So aber rettete er mit dem nackten Leben einen anderen, weit bedeutenderen Schatz, der ihm zwar nicht Reichtum aber Ruhm bescherte: seine Aufzeichnungen, die 1567 in Frankfurt erschienen. Titel: „Wahrhaftige und liebliche Beschreibung etlicher fürnehmer indianischer Landschaften und Inseln, die vormals in keiner Chronik gedacht und erstlich in der Schifffahrt Ulrici Schmidls von Straubingen mit großer Gefahr erkundigt und von ihm selbst aufs fleißigste beschrieben und dargetan."
Originalton Schmidl:
„Im Jahr als mann zalt nach Christi unsers lieben Herrn und Seligmachers Geburt/Tausent Fünffhundert vier unnd dreyssig/Hab ich Ulrich Schmidel von Straubing diese nachfolgende Nationes und Ländern/von Antorff auß/ auff dem Meer in Hispanien/ Indien und mancherley Insuln/ etc. Mit sonderlicher gefahr in Kriegsleufften durch gereist unnd gezogen: Welche ganze reiß (so vom obgemelten Jahr/ 1534. Biß auffs Jahr 1554. Da mir Gott der

Allmechtige wieder zu Land geholffen/ gewereth) ich/ was mir sampt meinen Mitverwanten/ in derselben zu gestanden und begegnet/ auff kürtzest hierin beschrieben hab."

Der Haudegen (sein martialisches Bild hängt im Rathaus) war ein Sohn des Straubinger Bürgermeisters, also durchaus gebildet. Und so wurde sein „Kriegstagebuch" ein seltenes Dokument. Er beschreibt darin die eigene Not ebenso penibel wie das schändliche Abschlachten der Urbevölkerung:

„Drauf sind wir geschifft nach Riodellaplata und in ein fließend Süßwasser gekommen. Dort haben wir einen indianischen Landflecken gefunden mit ungefähr zweitausend Mannsbildern, den Charrusa-Indianer. Sie haben sich auf die Flucht begeben mit Weib und Kind, daß wir sie nimmer auffinden kunnten. Nun kommandierte der Obrist Don Pedro Mendoza, daß man unser Volk auf die andere Seite des großen Paraná führen sollte. Dort haben wir eine Stadt gebaut, die hat geheißen Buenos-Ayres, das ist auf deutsch Guter Wind.
Unser Volk hatte nichts mehr zu essen und starb vor Hunger, so große Armut folgte nun. Auch kam dazu, daß die Pferde nicht kleckten und langten. Es verlängerte sich der Jammer des Hungers so, daß weder Ratzen noch Mäus noch Schlangen noch andere Ungeziefer vorhanden war zur Sättigung des großen gottesjämmerlichen Hungers und die unaussprechliche Armut kein Ende nahm, auch Schuh und Leder, alles ward aufgegessen. So ergab sich, daß drei Spanier ein Roß entführten aus dem Lager und heimlich aufgefressen haben. Als man's inne wurd, sind sie gefangen und unter schwerer Pein gefragt worden, damit sie solches offen bekannten. Alsdann wurden sie zum Galgen geführt, auf dem man alle drei aufhängte. Nachts sind andere Spanier zu den drei Gehenkten gekommen und haben ihnen die Schenkel abgehauen und Fleischstücke daraus geschnitten zur Ersättigung ihres Hungers. Item aß ein Spanier sei-

nen eigenen Bruder auf, der gestorben war in der Stadt Buenos-Ayres."
„Wir haben der Mapenis-Indianer viel mit Büchsen erlegt. Sie ließen uns gewähren; denn sie hatten noch nie eine Büchse noch einen Christen gesehen."
„Als wir uns den Carios-Indianern näherten, ließen wir unsere Geschütze gegen sie abgehen, so daß sie es hörten und sahen, wie ihr Volk zu Erden fiel und doch keine Kugel noch Pfeil, nur ein Loch im Leib hatten. Sie flohen alsdann sämtlich und fielen übereinander wie die Hunde."
„Also überfielen wir die Aigais unversehens in ihren Häusern, da sie noch schliefen. Da schlugen wir jung und alt zu Tod."

Daheim wurde Schmidl lutherisch und mußte mit vielen Straubinger Glaubensgenossen die Heimat verlassen. Er lebte dann bis zu seinem Tod im damals toleranteren Regensburg.
Heute trägt nicht nur sein Geburtshaus eine Gedenktafel (Ludwigstraße 8). In Argentinien gilt er als der erste Geschichtsschreiber des Landes, weshalb die Republik ihn 1961 mit einer Tafel im Straubinger Rathaus ehrte. Auf ihr steht: „La República Argentinia a su primer historaidor Ulrico Schmidl."

In Bayern kennt man freilich andere gebürtige Straubinger besser, den Theaterdichter Emanuel Johannes Josephus Schikaneder (1751–1812) beispielshalber. Dies verdankt er allerdings Mozart, für den er das Libretto der „Zauberflöte" schrieb. Er war auch ein gefeierter Schauspieler: In München begeisterte er mit seinem „Hamlet", und bei der Uraufführung in Wien 1791 spielte er in der „Zauberflöte" den Papageno (vgl. Leitheim).
Und über Joseph von Fraunhofer braucht man (s. Benediktbeuern, Band 2) kein Wort mehr zu verlieren. Straubing erinnert an ihn ja auch mit zwei Marmortafeln beiderseits seiner Büste (Fraunhoferstraße 1):

IN
DIESEM HAUSE
ERBLICKTE
JOSEPH VON FRAUNHOFER
ZUERST DAS LICHT DER WELT
DESSEN GESETZE ZU ERFORSCHEN
UND
DAS SEHVERMÖGEN DER MENSCHEN
DURCH VOLLKOMMENERE WERKZEUGE
ZU ERHOEHEN
ER RUHMVOLL UND ERFOLGREICH STREBTE
IHM
WIDMET DIESES DENKMAL
DIE VATERSTADT
1827

Aus diesbezüglichem Anlaß ließ ein Bürger seinen Pegasus aus:

Epigram
auf das am 13ten Mai 1827 feierlich aufgestellte Standbild des seel.
Joseph Ritter von Fraunhofer.

Als Ehrendenkmal steht am väterlichen Hause
Dein Standbild an des Eingangs-Thor! –
Gelungen ist der Ausdruck deiner ernsten Milde,
Dein sanfter Blick voll Herzlichkeit und Güte! –
Durch tiefgedachtes Späh'n erreichtest Du das Sternenzelt,
Dahin, – wo jetzt Dein Geist unsterblich weilet,
Naht' sich durch Deine Kunst des höh'ren Forschers Aug'! –
Die Vaterstadt, – geehrt durch Dich, – weiht Dir
Dieß Denkmal Deiner Geisteshöhe, –
Du prangst als Stern der ersten Größe,
An Deutschlands Horizont, – geehrt im fernen Norden.
Und dieses großen Mannes Bild,

Das noch die Nachwelt staunend schaut, –
Dieß schöne Denkmal goß – ein Stern!*) –
Andreas Luckner,
bürgerl. Weisbäckermeister

*) Max Stern, bürg. Stuck- und Glockengießer allhier goß die Büste.

Und unten an der Burg findet sich Fraunhofer nochmals in Lebensgröße.
Den Jakob Sandtner kennt mindestens jeder, der seine peniblen Stadtmodelle im Bayerischen Nationalmuseum zu München bewundert hat: Straubing (1568), Landshut (1570), München (1572; das einzige schwarz gefärbte Haus darin ist dasjenige des Henkers), Ingolstadt (1573) und Burghausen (1574). Sandtners Straubing haben die Straubinger auch. Als Kopie. Aber da mußte schon ein Künstler her: Jeremias Meier. (Sandtner war bloß ein Drechsler.) In dem farbigen Modell (Maßstab 1:1666) sieht man ganz genau die für die Stadt typischen hohen Treppengiebel, die eigenartigerweise mit ihren Traufseiten der Straße zustehen, wo sie oft von Vorschubmauern und Scheingiebeln gekrönt sind. Den eleganten Fensterstuck des ja viel späteren Rokoko sieht man natürlich nicht. Da war dann Matthias Obermayer (-mayr, -maier; 1719–1799; vgl. Mallersdorf, Band 2) am Werk. Die zierlichen Stuckfassaden in der Fraunhoferstraße (Nr. 5 und 23) sind von ihm und viel Bildhauerisches in St. Jakob und in der Spitalkirche. So ein landein, landaus gesuchter Künstler wird doch wohl auch in seinem Alter sorgenfrei leben haben können? Hier sein Brief an die marianische Männerkongregation:

Demithiges Bitten und Anlangen
Bey einem Hochl. Consilium

Weillen Bey einer so Langen Anhaltenden Kriegs Zeit und der so villen quartier und Durch marsch mein profesion gesperrt ist, und ich so Lange um Keinen Kreuzer

Keine arbeith hab, und all das Meinige diser Zeit habe zugesetzt und auch Vermög meines hohen Alters welches sich auf 78 jahr erstreckt und meines Weibes auf 87 Jahr, wo wir Beide nit mehr imstande sind etwas verdienen zu können; Habe also ganz demithig ein Hochlöbliches Consilium Bitten wollen um ein wenigen Beytrach, daß ich und die Meinigen etwas zum Leben mögen haben, wo wir es gewiß mit unserem wenigen Gebet werden Verabdienen, Lebe in gröster Hoffnung in meiner Bitt erhört zu werden, und mich mit aller Hochachtung ganz gehorsamst Empfehle
Straubing, dem 9. Januar 1798

Eines Hochlöb.Consilium
Ergebenster Diener
Mathias A Obermayr, Bürgerl. Bildhauer

Da ist es den Asambrüdern besser ergangen. Die Ursulakirche ist ihr letztes gemeinsames Werk. Der Cosmas Damian (1686–1739) hat da so gut wie umsonst gearbeitet, um seine zwei Töchter in den Orden hineinzukaufen. Das Bild der Maria Johanna Nepomucena Asam hängt heute noch im Speisesaal.

Ein anderer Gastarbeiter war Karl Spitzweg (1808–1885), Provisor in der Löwenapotheke. Seine Rezepturbücher zierten viele seiner Zeichnungen; sie sind leider verbrannt. Die Lebzelterei Krönner (Theresienplatz 22) setzt ihm ein liebenswürdiges Denkmal auf einer Pralinenschachtel. Darauf sieht man im Hintergrund seines „Verliebten Provisors" sogar das Wahrzeichen Straubings, den Stadtturm mit seinen fünf Spitzen. Auf dem Original ist es ein anderer Turm. Die Szene hat sich also leider nicht in der Steingasse abgespielt. Die heißt übrigens so, weil sie die erste gepflasterte Straße Bayerns war; Straubing war darin moderner als Frankfurt!

Vorn am Eck hat beim großen Stadtbrand anno 1480 der Hausbesitzer Jordanus Utz eine Figur des heiligen Petrus ins Fenster gestellt: „Peterl, sorg, daß mein Haus nicht verbrennt, sonst verbrennst du mit!“ Das Haus blieb als einziges verschont.

Die Kirche St. Peter liegt innerhalb ihrer Wehrmauer in der östlichen Vorstadt. Den romanischen Bau flankieren drei Kapellen. Eine davon birgt das erschütternde Bild der Agnes Bernauer, wahrscheinlich ihrer Totenmaske nachgebildet. Die nicht standesgemäße Herzogin ließ ihr Schwiegervater Ernst (1373-1438) ertränken, aber dann eine Sühnekapelle errichten und ein Epitaph meißeln, auf dem steht, sie sei 1436 „verstorben.“ Die Jahreszahl ist falsch. Die Ducessa wurde ein Jahr früher hingerichtet.

Die Hinrichtung der Agnes Bernauer

Der Bernauerin gedenkt die Stadt alle vier Jahre in einem Laienspiel. In diesem agierte einmal ein Bäckermeister als mörderischer Herzog so echt, daß ein Zuschauer in heller Wut rief: „Dir kauf ich keine Semmel mehr ab!" Das erzählt der Mesner von St. Peter, Josef Rengsberger, und auch, daß seine Tochter jedesmal wieder beteuert: „Heuer weine ich nicht!" Vergebens.

Versuchen Sie bloß, den humorigen Mesner (T: 0 94 21/2 14 45) für eine Führung in dem stimmungsvollen Friedhofsidyll von St. Peter zu gewinnen. Wenn ja, dann lesen Sie besser jetzt nicht weiter. Wenn nein, dann geben sie sich dem elegischen Zauber des Orts hin mit seinen geborstenen Säulen, gesenkten Fackeln, abgelaufenen Sanduhren, Urnen, betrübten Engeln und trauernden Genien. Suchen Sie die Merkwürdigkeiten dieses sonderbaren Gottesackers: das Grab des Scharfrichters Josef Zankl, das Grabkreuz des Posthalters Pammer mit dem posthornblasenden Tod auf strammem Rößl, den seifenblasenden Putto, den durch ein schmiedeeisernes Kreuz gewachsenen Baum, das Grab der zwölf Kinder, wo die Eltern beim Tod des letzten gleich das Gestell des eisernen Kinderbettes als Grabeinfriedung hergenommen haben. Und vor allem das Grab des Königlich-Bayerischen Communal Administrators, der in seinem Amt zeitlebens so viel Ärger hatte, daß er verfügte, auf seinem Grabstein müsse einmal ein Genius der Stadtverwaltung den nackten Hintern zeigen.

Zeitlebens dürften alle diese Verblichenen lebenslustige Niederbayern mit einem herzhaften Durst gewesen sein. Das ist 1890 sogar der englischen Reiseschriftstellerin Jane A. Donner aufgefallen. Sie berichtete aus Straubing, „daß es für einen Bayern ganz selbstverständlich sei, sonntags fünf bis sechs Liter Bier zu trinken. Ein armseliger Stümper, wer es nur auf drei Liter bringt! Eine Frau trinkt zwei bis drei Liter."

Drum ist es nicht mehr als recht und billig, daß in Straubing der allerälteste Bierkrug der Welt ausgegraben wurde, der

Ur-Keferloher quasi. Und dieser Maßkrug aller Maßkrüge faßt ebensoviel, wie die Bayerischen Schenkkellner in einem heutigen, auf einen Liter geeichten Maßkrug unterbringen, nämlich 0,8 l! Das sind Traditionen!

8440 Straubing, 42 700 Einwohner, Auskunft 0 94 21/1 63 07
Topographische Karte 1:50 000 L 7140 Straubing.
Sehenswert: St. Jakobs-Kirche, Ursulinenkirche, Gäubodenmuseum, Karmelitenkirche, Peterskirche, (Agnes-Bernauer-Kapelle, Totentanzkapelle), Stadtturm, Tiergarten.
Deggendorf 36 km, Regensburg 42 km.

Persönliche Empfehlung: Als einzige der Welt verkauft die Schnupftabakfabrik Ludwig Sternecker ungefetteten Fresco, den man daheim mit Butterschmalz im Mörser verreiben kann zu einem wirklich „aechten“ Schmalzler.

SULZBACH – ROSENBERG

Zwei Kaiserinnen

Frankreich hat drei Lilien im Wappen, Sulzbach deren sechs. Das deutet auf eine hochnoble Vergangenheit. Nun: Für so eine kleine Stadt kann sie kaum nobler sein, denn zwei Sulzbacherinnen heirateten die zu ihrer Zeit bedeutendsten Herrscher Europas. Gertrud, die ältere Tochter des Grafen Berengar, nahm Konrad III. (1093–1152) zur Frau. Die jüngere Bertha verkuppelte man 1142 an den oströmischen Kaiser Manuel I. (1120–1180). Der gerissene Basileus biß aber erst an, als sie der staufische Schwager adoptiert und ihr Apulien und Calabrien zur Mitgift gegeben hatte, das freilich erst von den Normannen zu erobern war.
Über Gertrud weiß man nichts weiter, weil ihr solides Leben als Kaisergemahlin nicht eben sensationell verlaufen sein dürfte. Nicht so bei Bertha; das ihre verlief dramatisch-tragisch genug. Was der Ehebund bezweckte, sagte ziemlich unverblümt das Begrüßungsgedicht des Hofpoeten Theodorus Prodromos („Katzenmäusekrieg") in feinstem Griechisch:

Freu dich mit mir, du Neues Rom,
Freu dich heut des Besuches,
Bei dem sich zeigt, daß du
Das Haupt des alten Roms geblieben!
Denn wenn das Alte Rom die Braut
Und du den Bräutigam gibst,
Dann wissen alle, daß der Mann
Das Haupt der Frau bedeutet ...

Manuel peilte über die „Kaisertochter" die Vereinigung mit Rom an, natürlich unter seinem despotischen Szepter. Drum betrachtete er den von Konrad widerstrebend durchgeführten Zweiten Kreuzzug nicht nur mit größtem Mißtrauen, er sabotierte ihn sogar nach Kräften, ja man kann sagen, daß er an der Bosheit und Verräterei Manuels scheiterte. Als der Staufer auch noch, statt Apulien und Calabrien den Normannen zu entreißen, in Bamberg starb und Bertha nur eine Tochter gebar, war die schlichte Oberpfälzerin für den sittenlosen Kaiser erledigt, zumal auf den Schwager Friedrich Barbarossa (1121–1190) folgte, der mit Papst Eugen III. sogar einen Schutzvertrag gegen Konstantinopel schloß.

Die byzantinische Priesterschaft mochte den „lateinischen Trampel" von vornherein nicht. Bertha hatte sich aber auch auf die unglückseligste Weise eingeführt: Bei ihrer Ankunft hielt sie den dunkelblauen Umhang ihrer künftigen Schwägerin für schwarz und äußerte sich dementsprechend mitfühlend, was die maßlos abergläubischen Griechen entsetzte, zumal die Fürstin tatsächlich einen Monat später Witwe war. Kein Wunder, daß Bertha von dem beim Kaiser in Ungnade gefallenen Patriarchen Kosmas verflucht wurde, „auf daß ihr Schoß keine Söhne gebäre", was sich ja erfüllen sollte. Immerhin attestiert ihr die neueste Forschung, „Bertha vermittelte 1148 und 1150 zwischen Byzanz und Deutschland."

Die Unglückliche, die bei den Griechen Irene hieß, starb 1160 und ruht im Pantokratorkloster zu Istanbul unter jenem Stein, auf dem einst der Leichnam Christi gelegen haben soll. Ein Mosaik in der Hagia Sophia zeigt ihr Porträt. Aber bis 1715 stand im Kapitelhaus des Klosters Kastl ein Hochgrab mit der Inschrift:

> Ruhe in Frieden hier unter dem Stein,
> O sittsame Bertha,
> Die du vermählt warst dem Herrn der Romäer,
> Manuel dem Kaiser!

So hochnobel wurde es um Sulzbach erst wieder durch Kaiser Karl IV. (1316–1378). Der machte die Stadt zur Haupt-

stadt Neuböhmens, dem ersten modernen Staat des mittelalterlichen Reiches. Vierundzwanzigmal weilte der Kaiser hier, kürzer oder länger. Aber nie wohnte er im Schloß, sondern im behäbigen Gasthof „Krone", wovon der kaiserliche Adler und der zwiegeschwänzte böhmische Löwe heut noch künden.
Sein Standbild errichtete man auf einem Pfeiler des erweiterten Chors der Pfarrkirche St. Marien, wo er an seiner Herberge vorbei auf das fialenbekrönte Rathaus schaut, das schönste der Oberpfalz, das freilich erst ein Vierteljahrhundert nach seinem Tod entstand.
Das Prädikat zweifeln die Amberger und Weidener heftig an. Welches der drei wirklich das schönste ist, wird wohl Geschmacksfrage bleiben müssen, denn jedem Unbefangenen tut da die Wahl weh. Kaum stand der Kaiser auf seinem Hochstand, da verkitschte er Sulzbach gegen die Mark Brandenburg (1373).
In einem anderen Gasthof neben dem Rathaus (Zum Roten Krebs) übernachtete Johannes Hus (1369–1415) auf seiner verhängnisvollen Reise zum Konzil nach Konstanz.
Königlicher Glanz streift Sulzbach nochmals 1439, als sein Pfalzgraf Christoph von den Dänen zu ihrem König gewählt und dann auch noch derjenige von Norwegen und Schweden wird. William Shakespeare (1564–1616) soll er das Modell für seinen Hamlet abgegeben haben.
Ab 1505 gehört die Stadt zur Jungen Pfalz des Ottheinrich (siehe Neuburg, Band 2).
Besonderen Dank schulden die Städte Landshut und München dem Sulzbacher Herzog August (1582–1632): 1631 hatte Johann Tserclas von Tilly (1559–1632) das protestantische Magdeburg auf das Grausamste leermorden und brandschatzen lassen (30 000 Tote!). Zum Jahrestag dieser Untat wollte der Schwedenkönig (Gustav Adolf, 1594–1632) die beiden bayerischen Städte dem Erdboden gleichmachen, ließ aber auf die Fürsprache von August davon ab. Die undankbaren Bayern schrieben dies der Gottes-

mutter zu, der sie fünfundzwanzig Jahre später die Mariensäule zu München für „Errettung aus Schwedennot" errichteten. Ja, indirekt schmähten sie sogar den hochherzigen Fürsprecher: Einer der vier „Heldenputti" zu Füßen der Madonna säbelt die Schlange namens Ketzerei als eine der „Menschheitsplagen" nieder, eine Duftmarke, die aus katholischer Sicht natürlich auch dem evangelischen August anhängt.
Sein Sohn Christian August (1622–1702) scheint von ähnlich humanem Zuschnitt gewesen zu sein. Er führte das „Simultaneum" ein (das erst mit dem Bau der evangelischen Christuskirche 1957 erlischt!), gibt den Juden Niederlassungsrecht (Synagoge; größter Judenfriedhof der Oberpfalz) und macht Sulzbach zu einem europäischen Zentrum religiöser und wissenschaftlicher Art (hebräische Druckerei; Leibniz kommt). Mittelpunkt des „Sulzbacher Musenhofes" aber wird der Theosoph und Dichter Christian Knorr von Rosenroth (1636–1689), der freilich nicht durch sein wissenschaftliches Lebenswerk fortlebt, sondern – jeder Protestant kennt es – durch ein Lied, weltberühmt, vielfach übersetzt und vertont:

Morgenglanz der Ewigkeit,
Licht vom unerschöpften Lichte
Schick uns diese Morgenzeit
Deine Strahlen zu Gesichte
Und vertreib durch deine Macht
Unsre Nacht.

Walter Höllerer nennt es „das beste Sehnsuchtsgedicht, das er kennt" und bewundert gebührend die „anregende Metapher" von „Adams Apfelbiß" in der zweiten Strophe, die sich auf „bewölkte Finsternis" reimt.
Unter Christian Augusts Sohn Theodor (1659–1732) stirbt in Sulzbach Hans Georg Asam (1649–1711, Vater der genialen Söhne Cosmas Damian und Egid Quirin), nachdem

er das Gemälde auf dem Hochaltar von St. Marien vollendet hatte. Offenbar war der Herzog leutselig, denn eine Anekdote weiß von ihm, daß er sich samt Gefolge beim Hundheimer Bauern angesagt hatte, worauf ihm der „eine Speis, die er wohl noch nicht gegessen“ versprach. Und die Gäste bekamen (das mach ich noch einmal nach!) Stauden voller Hollerküchel vorgesetzt, die die Bäuerin ungepflückt an den Zweigen in Schmalz herausgebacken hatte.
Bei der Gelegenheit, Hollerküchel gehen so: Man nehme die vollaufgeblühten Holunderstrauben am Stiel, tauche sie in dünnen Pfannkuchenteig, backe sie in siedendem Schmalz goldbraun heraus, bestäube sie mit Puderzucker und esse sie möglichst frisch.
Die hochherrschaftlichen Zeiten haben die Stadt geprägt und setzen heute noch Akzente: das mächtige Schloß, die Stadtbefestigungen nebst Lindenallee, gotische Häuser mit schönen, übereckgestellten Erkern. (Der mittelalterliche Turm schräg gegenüber dem ungemein häßlichen „modernen“ Kaufhaus ist nagelneu.)
Aber Sulzbach trat in den Schatten der oberpfälzischen Hauptstadt Amberg. Johann Esias von Seidel (1758–1827), der die hebräische Druckerei des Abraham Fränkel 1785 übernimmt, klagt: „Ich hätte meinen Wohnort in keinem elenderen Nest, als Sulzbach ist, nehmen können, denn ich fühle es mit jeder Minute immer mehr bestätigt, daß die Lage dieser Stadt mit allen ihren armseligen Einwohnern und dem kleinstädtischen Geiste, der sie alle beseelt, nicht dazu geschaffen ist, literarische Bemühungen zu belohnen.“ Trotzdem macht er die Stadt nochmals berühmt. 1801 erscheint seine „Weltchronik“. Aber: Schmellers „Bayerisches Wörterbuch“-Manuskript weist er zurück (Andreas Schmeller, 1785–1852; vgl. Tirschenreuth, Band 1 und Wolnzach, Band 2).
Zu der Zeit lebt und stirbt hier die Pfalzgräfin Maria Franziska Dorothea von Zweibrücken-Birkenfeld, Mutter des späteren Königs Max I. Joseph (1756–1885), in der Verban-

nung wegen eines Gspusis mit einem Sänger. Sie erbaute sich das Lustschlößchen Franziskaruh in Rosenberg.
Rosenberg! Dort entsteht 1853 die Eisenwerksgesellschaft Maximilianshütte (genannt nach dem amtierenden Urenkel der Gräfin, Max II.), und bald ist man dort so wohlhabend, daß die Bürger protzig von sich behaupten: „Mia han so reich, daß ma d Stroußn mit Gold pflastern kanntn." Es entsteht das größte Eisenwerk Süddeutschlands mit dem modernsten Stranggußwerk Europas. 1934 wurden beide Städte zusammengeschlossen. Seitdem kann man Sulzbach nicht mehr mit einem der fünfundzwanzig deutschen Namensvettern verwechseln, denn jetzt heißt es Sulzbach-Rosenberg.
Aber auch dieser wirtschaftliche Aufschwung ist inzwischen fraglich: Ob und wann das letzte der tausend Feuer des „Ruhrgebietes des Mittelalters" erlischt, das weiß man nur in den höchsten Etagen der Wirtschaft. Den kleinen Mann geht das nichts an; es ist ja bloß seine Existenz.
Der Schatten Ambergs wurde größer. Ehemals eigener Landkreis (SUL), wird Sulzbach-Rosenberg im Verlauf der unseligen Gebietsreform von 1971 trotz Bürgerinitiativen und Popularklage im Kreistag mit 32:29 Stimmen dem neuen Großlandkreis (AM) zugeschlagen: Landwirtschaftsamt, Schulamt, Landespolizeiinspektion, Gesundheitsamt, Veterinäramt und Amtsgericht entschwinden nach Amberg.
Jetzt stand er da, der schöne Renaissancebau des Amtsgerichts. Leer. Was tun damit? Einer wußte es. Walter Höllerer, ein (Lehrers-)Sohn der Stadt:

> *Höllerer,* Walter, *Sulzbach-Rosenberg (Oberpfalz) 19. Dez. 1922, dt. Germanist und Schriftsteller. Seit 1959 Professor an der TU Berlin; gehört zur Gruppe 47. 1954–68 Mithg. der literar. Zeitschrift „Akzente", seit 1961 Hg. der Zeitschrift „Sprache im techn. Zeitalter". Neben wissenschaftl. Veröffentlichungen (u.a. „Zwischen Klassik

und Moderne", 1958) liegt H.s Bedeutung gleicherweise in seiner Herausgebertätigkeit (u.a. „Transit. Lyrikbuch der Jh.mitte", 1956; „Ein Gedicht und sein Autor", 1967) und seiner Tätigkeit als literar. Organisator. Als Lyriker wandte er sich nach Anfängen in der Nachfolge u.a. G. Eichs, G. Benns („Der andere Gast", 1952) in den 60er Jahren auch theoretisch („Gedichte/Wie entsteht ein Gedicht", 1964; „Systeme", 1969) dem experimentellen Gedicht zu. 1973 erschien „Die Elephantenuhr", H.s erster, modernen Erzähltechniken verpflichteter Roman."

So steht es, zwischen „Holleräder" und „Hollerith", in Meyers Enzyklopädischem Lexikon aus dem Jahre 1974. In der nächsten Ausgabe wird es heißen: „Gründete 1977 das moderne Literaturarchiv Sulzbach-Rosenberg".
Darin steht jetzt der Konferenztisch der Gruppe 47, das Kanapee der Lyrikerin Ingeborg Bachmann, liegt das Urmanuskript der „Blechtrommel" von Günter Grass. In anderen Vitrinen andere zeitgenössische Autoren. „Auch Schreiber dieses ist dort," wie es Heinz Flügel ironisch formulierte, „vitrinös" geworden. An den Wänden hängen die genialen Karikaturen von Henry Meyer-Brockmann, darunter Janheinz Jahn (1918–1973, „Schwarzer Orpheus"), von dem kaum jemand mehr weiß, daß er nach dem Krieg drei Jahre gleich um die Ecke wohnte und bei bummvollen Sälen als Vortragsreisender der Volksbildungswerke in Sachen Kultur der Oberpfalz die Welt der von den Nazis verbotenen Kunst zurückbrachte. Seine Sulzbacher Parteigründung „Junge Kandidaten" scheiterte naturgemäß.
Höllerer knüpfte an den Traditionen seiner Heimat an und erklärte sie kurzerhand zum Mittelpunkt dieser Welt:

Subjektives Gedicht
Niemand kann mir nachweisen,
Daß Sulzbach-Rosenberg *nicht*
Der Mittelpunkt der Welt ist.

Sollte es mir *doch* jemand nachweisen, so
Werde ich ihm beweisen, daß
Seine Methode falsch ist, –
Unangemessen.

Meine Methode hingegen
Geht auf die Anfänge zurück,
Nämlich: auf *meine.*

Das Gedicht ist Oswald Heimbucher gewidmet, dem feinnervig-einfühlsamen Leiter des Literatur-Archivs, in dessen Foyer das „Welt-Ei" steht, auch optisch versuchend, die Stadt in einen globalen Mittelpunkt zu rücken: Es wächst zu mit prominenten Autogrammen.
Das ist so ernst nicht gemeint. Eher so wie von Uwe Dick, der philosophierte:

Ein Ei,
beschalt – und deshalb schal,
sinnierte über das Oval
und fand den Schluß:
Wärn Eier eckig,
dann gings
den Legehühnern dreckig.

Auch der bayerische Kultusminister Hans Maier durfte sich verewigen. Ein kritischer Spaßvogel vermerkte dahinter: (KuMist). Das meinte man denn doch zupinseln zu müssen. Allzu groß ist die Freiheit nicht auf dem Welt-Ei von Sulzbach-Rosenberg.
Was ist das eigentlich, Kultus?
„Kultus (lat.) sinnfälliger Ausdruck des Glaubens in Rede u. Handlung, bei der Gott verehrt wird." (Bertelsmann Volkslexikon.) Und was hat das mit Schule zu tun? Nichts. Nun, immerhin spielt Hans Maier Orgel. Und die Frage führt zu einer anderen, einer sulzbach-rosenbergischen: Was macht man mit einer alten, leerstehenden Schule? Ein Schulmuseum. Ein Museum für ABC-Schützen. Das erste und bis

vor kurzem einzige im deutschen Sprachraum! Das zeigt in einigen original eingerichteten Schulzimmern ehemaliger Epochen, in Schautafeln und vielen Utensilien die Entwicklung der Volksschule. Und ihrer Lehrer, vom damaligen, vielverspotteten armen Dorfschulmeisterlein (siehe Wolnzach, Band 2) bis zum heutigen Menschenverhunzer. Die Museumsleitung konstatierte etwas psychologisch recht Merkwürdiges: Schulklassen stürmen die hagelbuchenen Viersitzer aus der Zeit um 1920 geradezu und sie sind nur schwer wieder herauszulocken. Während der folgenden Führung vertrollt sich gewöhnlich ein gutes Viertel, und wo finden sie ihre Kameraden wieder? In eben jenen alten, von tausenden von Hintern blankgewetzten Bänken mit den verstaubten Tintengläsern!
Wir haben seinerzeit die gleichen Sitzgelegenheiten viel banger frequentiert. Da gab es ja auch noch den „Spanischen". Nun, die Noten waren schlimmer. Sie sind es noch. Im Museum erfährt man auch, daß es schon einmal einen Nuller gegeben hat: Unermüdet. Und einen Zweieinhalber: Teilweise unbefriedigend. Und einen Fünfeinhalber: Nahezu ganz unbefriedigend.

Sulzbach, von Rosenberg aus gesehen

Interessante Sache, das Schulmuseum in der alten Schlößlschule. So geheißen weil es gleich unterhalb vom „Schlößl" liegt, von Franziskaruh, heute Gästehaus der Maximilianshütte. In Rosenberg.

8458 Sulzbach-Rosenberg, 18 000 Einwohner, Auskunft
0 96 61/5 10 11
Topographische Karte 1:50 000 L 6536 Amberg.
Sehenswert: Schloß und Rathaus.
Amberg 11 km, Nürnberg 51 km, Regensburg 65 km.

Quellen: Rudolf Reiser, Fritz Metz, Max Ottmann, Karl Bosl, Oswald Heimbucher, Hans F. Nöhbauer, Fritz Kopp, Brigitte Fließ, Manfred Finke, Walter Höllerer, Sepp Lösch.

TITTMONING
Bossierliches Wachs

Sagen Sie in Tittmoning bloß nicht Tittm*o*ning. Das wiese Sie als Nordling aus oder etwas in dieser Richtung Verdächtiges. Sagen Sie zu Tittmoning T*i*ttmoning, wie sich das gehört.

Das Kanonikerhaus neben der Kirche von Tittmoning ist das einzige Haus Deutschlands, das seit der Römerzeit ununterbrochen bewohnt war. Vor achtzig Jahren hat man in seinem Keller einen römischen Mosaikfußboden entdeckt. Das hat aber den Leuten darin nicht imponiert. Sie lagerten darauf weiterhin ihre Kohlen und malträierten mit der Schaufel das Prachtstück. Erst 1981 hat man den Rest sorgfältig geborgen.

Gleich nebenan, direkt vor der Pfarrkirche, entdeckte man 1974 ebenfalls einen solchen, so gut erhalten, als sei er gestern verlegt worden.

Auf ihre römische Vergangenheit ist die Stadt stolz. Und sie hat diese mit zweiundzwanzig vergoldeten, lorbeerbekränzten Büsten römischer Kaiser über den Fenstern ihres stattlichen, türmchenbewehrten Rathauses dokumentiert. Welche zweiundzwanzig von den insgesamt dreiundsiebzig Cäsaren (von 31. v. Chr. bis 476 n. Chr.) das sind, weiß man nicht zu sagen. Die Spätrenaissance-Fassade kam im „Königlich-Bayerischen Amtsgericht" zu Fernsehehren.

Römer marschieren auch in einer großräumigen Weihnachtskrippe, in einem Bethlehem ganz im „Innsbrucker Stil", einem Klein-Tittmoning quasi.

Aber im Gegensatz zu den meisten anderen Städten der Innbauweise hat Tittmoning keine Lauben. Die prächtigen Bürgerhäuser, vor allem am Stadtplatz, brauchen sich aber nicht zu verstecken. An einer spätbarocken Fassade haben die Fensterachsen Elemente griechischer Architektur, ja die Stürze zeigen das komplette Fries eins dorischen Tempels (Wagnerstraße 16). Außerhalb der schönen Tore gibt es keine Vorschubmauern mehr, und das älpische Bauernhaus kommt zum Vorschein (Gerberberg; vgl. Burghausen, Band 2).

Mitten auf dem Marktplatz wohnten und werkten die Wachsbossierer Cetto (Stadtplatz 8). Wachsbossierer? In des Kupferstechers und Verlegers Christoph Weigels (1654–1725) Buch „Künstler und Handwerker" steht darüber: „Der Wachsbossierer Arbeit ist nicht einerlei; etliche possieren Bilder, teils bloß in Kästl und gedrehten Büchsen, ja gar Menschengröss, so mit künstlichen Uhrwerken inwendig getrieben werden, dass sie vom Sitzen aufstehen, frei gehen und sich wider hinsetzen. – Andere machen von allerhand Vögeln mit natürlichen Federn und Lebensgröß, den Lebenden ähnlich, auch hernach von kleinen Vögeln, Thierlein und allerhand Quelque chose."

Ein Innungsstatut von 1781 verlangt als Meisterstück von einem Wachsbossierer folgende Arbeiten: „Ein wohlproportioniertes und fein natürlich bemaltes Pferd, das in Galopp läuft, ein an der Palisaden stehender und seine Granade werfender Grenadier mit Ober- und Untergewehr; ein jederzeit nach der neuesten Mode frisiert und gekleidetes Frauenzimmer, und zwar alles aus freier Hand und ohne Form zu gebrauchen."

Vater Johann Baptist Cetto (1671–1738) und Sohn Nikolaus Engelbert (1713–1746) beherrschten das Modellieren kleinfigürlicher Darstellungen aus einer Mischung von Bienenwachs mit Kolophonium, Baumöl und Terpentin in angewärmtem Zustand mit angewärmten Griffeln und Hölzern auf das Vollkommenste. Sie komponierten in kleinsten Formaten wahre Märchenlandschaften, in denen in Wachs getauchte Zweige als Bäume wuchsen und Schweinsborsten Gestrüpp darstellten. Die winzigen Kunstwerke fügten sich sogar in Nußschalen!

Die „echten“ Cettos aber sind Arbeiten in der Größe etwa einer Aktentasche. Und in denen kann man sich verlieren. „Christi Geburt“ etwa beleben Dutzende von Personen und viele Tiere; Pferde, Kühe, Ziegen, Schafe, Hunde und Hühner, eine phantastische Szenerie zwischen Hütten und Bauernhäusern. Kühe werden gemolken, Jäger streifen durchs Revier, ja sogar Kartenspieler sitzen um einen Tisch, wobei, ungerüht von dem weltgeschichtlichen Ereignis, beschissen wird, indem einer einem anderen eine versteckte Karte aus der Jackentasche zieht. Im Hintergrund erhebt sich Jerusalem im Stil der Renaissance, und die Landschaft schwingt wie bei Altdorfer in einem reichen Panorama mit Buchten, Bergen und Burgen aus.
Die Zieselierung und Modellierung ist bis aufs Feinste und Kleinste durchgeführt und hält jeder Lupenbesichtigung stand, auch in der sehr flachen, zart reliefierten und hervorragend beherrschten perspektivischen Verkleinerung; Fernsichten und Wolken sind übrigens direkt an das geschwärzte Glas modelliert.
Münchener haben es leicht, einen Cetto zu bewundern: In der Krippensammlung des Nationalmuseums hängt eine „Anbetung der Könige“ in farbigem Wachs gleich links in der ersten Vitrine.
Diese ungemein grazilen und empfindlichen Wunderwerke wären ohne den Salzburger Abt Dominikus von Angenauer (1786–1811), der sie sammelte, wo er sie nur kriegen konnte, kaum auf uns gekommen. Deshalb sind auch die grandiosesten Stücke nur in der Erzabtei St. Peter in Salzburg zu bewundern. Ungefähr hundert! Darunter die 43 x 36 cm großen Architekturen der Schlösser Kleßheim (bei Salzburg) und Trautson (Wien). Vermutlich Auftragsarbeiten des Barock-Architekten Johann Bernhard Fischer von Erlach (1656–1723), der seine Entwürfe gern in Wachs modellieren ließ, wie viele Baumeister der Zeit.
Benedikt Pillwein schrieb in seinem 1811 erschienenen Lexikon salzburgischer Künstler: „Zetto in Tittmoning verfer-

tigte eine große Menge geschichtlicher Darstellungen in Wachs mit bewundernswürdiger Geschicklichkeit. Ein Cruzifix von Wachs, welches den sterbenden Heiland – (die damalige Zeit hielt bewegliche Krippen, Figuren und Wasserspiele für die kunstvollsten Erzeugnisse der Technik) – mittels eines Federdruckes sich ausstreckend und allgemach im Tode zusammensinkend vorstellte, wurde für sein größtes Kunstwerk gehalten. Fürsterzbischof Jakob Graf von Diertichstein (1747–1753) hatte es in seinem Zimmer."

Auf dem Tittmoninger Friedhof steht noch Cettos Grabstein. Die ehemalige Rückseite ist jetzt Vorderseite und Grabmal für Dr. Fritz Liebl, Arzt und Heimatforscher.

Das schönste Denkmal haben die Tittmoninger den Bossierern durch die Erwerbung einiger ihrer Werke gesetzt. Im Museum auf der wuchtigen Burg kann man sie bewundern, darunter auch eins in einer Nußschale!

Das Museum kann aber noch mit anderen exorbitanten Sehenswürdigkeiten aufwarten. Da ist einmal in dem allein für sich schon sehenswerten Saal eine seltene Sammlung von über hundert Schießscheiben, die älteste, sternförmig, ist dreihundert Jahre alt, und etliche sind von recht anzüglichem Inhalt, wie jene von 1672, auf der ein lächelndes Frauenzimmer sich das Plattl vor den Schoß hält:

„Lieber schitz, sich, ich halt dir das Schwarzz Vör
schieß wackher drein, so khombst ann Umbs böste Vor."

Das genaue Modell eines Vierseithof ist zwar auch ein Prachtstück, aber dergleichen findet sich auch anderswo; das Verblüffende daran ist jedoch, daß es den Hof in seiner ganzen hölzernen Behaglichkeit heute noch gibt, gar nicht weit weg, in Bierung steht er, das Wohnhaus sensibel renoviert. Das ist noch der Hof eines „Körndl"-Bauern, der mehr Speicherraum braucht als der „Hörndl"-Bauer weiter südlich, bei dem die Stallung an das Wohnhaus in T-Form angebaut ist.

Weitere Raritäten des Museums: Auf einem herrlichen Ma-

jolika-Ofen wärmt sich ein lebensgroßer Türke den Hintern und in einer Vitrine finden wir zwei so divergierende Exponate wie einerseits den schauderverursachenden armlangen Pestlöffel, der es dem Geistlichen ermöglichte, den Todgeweihten die Kommunion aus der Distanz zu erteilen, und andererseits die Schnupftabaksdose des Andreas Hofer. Und natürlich sind sowohl der erwähnte Römerfußboden als auch die von Römern bevölkerte Innstadt-Krippe zu sehen.
Museum und die Stadt mit ihren Toren, prächtigen Zunftzeichen und dem originellen, einmaligen Denkmal eines Storchen, der gerade eine Schlange verschnabuliert, sind eine Reise wert.
Der Mundartdichter Josef Wittmann ist von München nach Tittmoning geflüchtet:

d schdraß grau.
d fabrik grau.
da himme grau.

da dog zwischn sieme in da fruah
und aufdnachd um sieme
grau
wia an schef sei anzug.

mia miaßn,
sogda,
auf an greana zweig kema –
awa do
siehge schwarz fia uns.

Kein Wunder, daß er hofft, die Großstadt möge ihn dort im Rupertiwinkel so schnell nicht einholen. Bürgermeister Absmeier freilich meint, daß Autotouristen in Tittmoning „leicht parken können und sehr willkommen sind“.

8261 Tittmoning, Auskunft 08683/911
Topographische Karte 1:50 000 L 7942 Burghausen
Sehenswert: Ortsbild, Burg (Heimatmuseum).
Burghausen 12 km, Traunstein 30 km, Salzburg 55 km.

Quellen: Johann Neuhardt, Markus Westenthanner, Bernhard Sattler, Franz Ludwig, Paul Werner, Donatilla von Eckardt, Ludwig Fisch.

WEIDEN

Postfrisch auf den Tisch

Was hat Weiden mit Berlin und Frankfurt gemeinsam? Seit 1980 besitzt die Stadt die dritte „Postwertzeichenversandstelle“ der Bundesrepublik. Da können sich Briefmarkensammler alle momentan gültigen Marken schicken lassen. Der Versand in Weiden hat 75 000 Abonnenten auf Neuerscheinungen; Berlin und Frankfurt haben an die 700 000. Und es kommen noch doppelt so viele Einzelbesteller hinzu.

Der größte Auftrag in Weiden: 24 000 Stück auf einen Schlag. Der kleinste: 1 Stück. Eine Fünfzigpfennigmarke, die dem Besteller mit Porto und Gebühr auf rund vier Mark zu stehen kam. Aber was tut so ein Sammler nicht alles, um eine Lücke in seinem Album zu schließen oder einen Satz zu komplettieren. Auch auf Sonderwünsche wird eingegangen; Eck- und Randstücke, Viererblocks kosten dann um ein Fünferl mehr.

Dieses merkwürdige, weltweite Hobby bringt der Bundespost von den drei Millionen Sammlern 150 Millionen Mark ein, ohne daß sie dafür auch nur einen einzigen Brief zu befördern braucht! Was wäre die Bundesbahn froh, gäbe es ebensoviele Sammler, die zwar Fahrkarten sammeln, aber nicht damit fahren! Doch auf Billetts sind halt keine so schönen Bildeln drauf, und sie sind viel zu dick fürs Album. Aber ein Briefmarken-Fan sammelt auch gräusliche Marken. Das ist ja inzwischen ein Muß. Zum Beispiel die neuen, olivgrünen Automatenbriefmarken, mit denen Postminister Schwarz-Schilling die Republik beglücken will.

So ein Automat (offiziell: Schalterwertzeichendrucker)

druckt jeden gewünschten Wert von einem Fünferl bis zu 99,95 Mark auf das einheitliche Grundmuster drauf. Der ganze Satz hat 1999 Werte und kostet – 99 950,– DM! Der Apparat ist zwar darauf programmiert, den größten Satz aller Zeiten (er wäre 20 Meter lang) in einem Zug herunterzudrucken, bräuchte dazu aber geschlagene drei Stunden. Bislang hat ihn sich noch niemand gekauft. (Man stelle ihn sich einmal in einem Album vor: fast zweitausend so gut wie gleiche Marken!) Heinz Jäger, Präsident des Bundes Deutscher Philatelisten, meint zwar, es sei „der reinste Irrsinn, das zu sammeln", aber die Poststelle Weiden – und nur dort können diese Wapperln bezogen werden – hat bislang schon über vierzig Millionen davon verkauft! Am beliebtesten sind die Werte 0,05 und 99,95. (Auch hier ist schon einmal eine einzelne Fünferlmarke bestellt worden!) Am Telegraphenamt in München (vis-à-vis vom Hauptbahnhof) steht ein solcher Automat. Allerdings druckt der nur die gebräuchlichen Werte von zehn Pfennig bis drei Mark.

Diese Drucker sollen in „Schalterterminalsysteme" eingebaut werden. Eins arbeitet schon in Wiesbaden. Wie fortschrittlich derartiges sein soll, wird an einem Beispiel erklärt: Für einen 900 Gramm schweren Luftpostbrief nach Australien muß man heute noch achtzehn Marken aufkleben – 17 zu fünf Mark und eine zu einsfünfzig. Morgen genügt eine einzige Sechsundachtzigmarkfünfziger. Da werden die Schlangen an den Postschaltern schnell kürzer werden.

Diese gewinnträchtige Postwertzeichenversandstelle steht einer alten Kaufmannsstadt gut zu Gesicht, lag Weiden doch an der Kreuzung der „Goldenen Straße" (über Sulzbach, Hirschau, Weiden, Neustadt, Bärnau) und der „Magdeburger Straße" von Regensburg nach Leipzig. Die Weiße Marter (Ecke Leuchtenberger-Waterloostraße) markiert heute noch die Stelle. Um sie herum gediehen Handel, Handwerk und Gewerbe in der Reichsstadt. Auch der

Marktplatz zeugt davon: „Seine zur Straße gewandten Giebeln prunken mit gestaffelten Schmuckformen, mit kleinen Pilastern, Gesimsen und gerundeten Giebeln." (Reclam). Die Häuser sind schmal, aber lang und haben riesige Speicher mit haustürgroßen Ladeluken, oft zwei übereinander.

Weiden hatte eigene Maße. Schuh und Doppelelle sind ins Rathaus eingelassen. Und als Hirnbatzl für die Sünder gegen das Maß ist gleich daneben der Pranger!

Das Rathaus (das „schönste der Oberpfalz" mit einer geldzählenden Hand rechts am Portal) war im Mittelalter ein „Einkaufszentrum" mit sechzehn Kramläden. Wegen der ständigen Brandgefahr leitete man Wasser des vierten Quellflusses der Naab durch den Rathaustunnel hindurch. Ein Gedenkstein am Unteren Markt meldet:

HIER FLOSS
BIS ZUM JAHRE 1912
DER STADTBACH VORBEI
EINE KÜNSTLICHE
ABZWEIGUNG DER
SCHWEINENAAB
ERSTMALS ERWÄHNT 1481
DIESER STEIN STAMMT
AUS SEINER EINFASSUNG

Die Geschichte Weidens ist verworren. Die Stadt gehörte zur Neuen Pfalz (Pfalzneuburg; s. Neuburg, Band 2). Fünfmal mußten die Bürger ihre Religion wechseln: Cuius regio, eius religio. Wer regiert, bestimmt den Glauben.

Erst 1656 kam es zum Simultaneum: Katholiken und Protestanten benutzten gemeinsam Kirche und Friedhof. Das klingt vernünftig, war es aber nicht. Eifersüchtig pochte jede Partei auf ihre Rechte, und bald gab es alles doppelt: Bürgermeister, Nachtwächter, Hebamme, Hirten, Totengräber, alles jeweils papistisch und lutherisch. Aus Gemeinschaft wurde Feindschaft. Die drückte sich sogar in den Namen

aus. Ein protestantischer Schlegel schrieb sich mit, ein katholischer ohne e, ein papistischer Gebhard mit d, ein evangelischer mit dt. Die Mädchen trugen verschiedenfarbige Strümpfe, damit die Burschen gleich wußten, woran sie waren. Ja, die Geschäfte hatten sogar zwei Eingänge, die sich, wie an der Apotheke (Ecke Fleischgasse) erhalten haben.
Dieses unselige Simultaneum dauerte bis zum Beginn unseres Jahrhunderts. Erst da lösten sich die inzwischen zwei Drittel der Bevölkerung umfassenden Katholiken aus dem Vertrag und bauten sich ihre eigene Kirche. (Die an der Adenauer-Anlage.) Es wurde der größte Kirchenbau des Bistums seit dem Mittelalter!
Nach Wormser Vorbild wurde sie romanisch. Neoromanisch. Jedenfalls die äußere Architektur. Für die Innengestaltung war inzwischen die Zeit des Jugendstils angebrochen. Und so besitzt Weiden eine Rarität ersten Ranges: eine Kirche mit reinster Jugendstilausstattung. Der einheimische Künstler Wilhelm Vierling (1885–1974), erst Mitarbeiter des Müncheners Franz Hofstötter (1871–1958), wuchs immer mehr an der großen Aufgabe, bis er die Entwürfe schließlich kongenial selbständig verwirklichte. Interessant ist dabei, daß Vierling Blüte, Niedergang und Auferstehung des Jugendstils in seinem 89jährigen Leben selber miterlebte!
Ein anderer Weidener Maler wurde in Amerika berühmt. Friedrich Roscher (1890–1968) wanderte nach Florida aus und galt als der „Lenbach von Palm Beach". Seine Tochter wurde die bekannteste Pferdemalerin der USA.
Auf der Orgel von St. Michael schuf Johann Baptist Joseph Maximilian Reger (1873–1916), der allzeit durstige Komponist, seine bedeutendsten Schöpfungen.
Der Maxl war ein Jahr alt, als der Lehrer Joseph Reger mit seiner Frau Philomena, seine Eltern also, in Weiden einzogen. Ein Freund der Familie schilderte dies: „Die Magd führte eine Ziege am Strick, der Vater trug einen Vogelkäfig und die Mutter hatte den Maxl am Arm." (Eine Zeichnung

im Stadtarchiv zeigt die Szene.) Dieser, ältestes von fünf Kindern, war zart, ein „Krepierling“ wie man in der Oberpfalz sagte. Niemand hätte geglaubt, daß daraus einmal ein so vollsaftiges Mannsbild werden würde. Sein erster Lehrer war, nach den Eltern (schon mit fünf nahm ihn die Mutter ans Klavier und der Vater brachte ihm Violine bei), Adalbert Lindner in akkurat jenem Raum des heutigen Stadtarchivs, in dem das „Reger-Zimmer“ untergebracht ist. Max Regers Studienzeit verlief hektisch; er nannte sie selber seine „Sturm- und Trankzeit“. Er rauchte unmäßig, und im Alkoholkonsum überschritt er jedes Maß des Zuträglichen.

Als Mitglied der „Ritterschaft Montsalvat“ in Wiesbaden „hielt er Polizei und Kurgäste der mondänen Stadt in Schrecken“. Der „Nur-Musiker mit dem Karpfenmaul und der bayerischen Viechsnatur“, meinte von sich selber, er habe, als der liebe Gott den Humor verteilte, zweimal „Hier!“ geschrien: Er bezeichnete sich als „Akkordarbeiter“; er komponierte ein „Limonadenpräludium“; auf die Frage einer Dame, ob der Fagottist die dunklen Töne wirklich mit dem Munde hervorbrachte, meinte er: „Ich hoffe es, meine Gnädigste“; nachdem ihm der Dr. med. h.c. verliehen wurde, stellte er mit dem größten Vergnügen Rezepte für Kamillentee aus.
München mochte er nicht: „Nicht einmal begraben möchte ich dort sein.“ Er starb 43jährig in Leipzig, wurde in Jena eingeäschert, seine Urne kam 1930 in den Waldfriedhof von – München.
Seine Mutter ahnte den Ruhm des „Neuntöners“: „Es wird einmal eine Max-Reger-Straße geben.“ Natürlich gibt es eine. Doch die Regerstadt hat auch noch eine Max-Reger-Anlage, -Schule, -Stube, -Klause, -Apotheke, ein Max-Reger-Denkmal, -Haus, und sie verleiht eine Max-Reger-Plakette.
(Übrigens ist der Name ein Palindrom: Reger läßt sich von vorne und hinten lesen.)

8480 Weiden, 44 000 Einwohner, Auskunft 0961/8120
Topographische Karte 1:50 000 L 6338 Weiden
Sehenswert: Marktplatz (Rathaus), Städtisches Museum, Michaelskirche, Max-Reger-Gedächtnisstädte im Stadtarchiv.
Regensburg 90 km, Nürnberg 94 km, München 220 km.

Quellen: Peter Schmitt, August Sieghardt, Ursula Pfistermeister, Gerhard Zuckert, Hanna Fröhlich, Annemarie Krauß, Hans Schröpf.

WOLFRAMS-ESCHENBACH
Umherirrtreu

Die Eschenbachs waren eine jener armen Ministerialienfamilien, die, wenig begütert, fast ganz auf die Gunst des höheren Adels, dem sie dienten, angewiesen waren. In der oberen Altmühlgegend gab es sie sintemalen in jedem Dorf. Und das Wenige erbte nur der Erstgeborene; für die übrigen Kinder blieb nichts. Der Unterschied dürfte nicht groß gewesen sein, denn der Wolfram (1170–1220) dichtete:

> Daheim in meinem eignen Haus
> wird manchmal satt kaum eine Maus.

Trotzdem hatte er genug Adelsdünkel, um sich als Ritter zu fühlen und sah voll Verachtung auf die nicht schildfähigen Stände herab: Bauern durften nur einen plumpen Knüttel führen; das rittermäßige Volk schikanierte sie nach Belieben; auch Kaufleute und Ärzte stehen nach Wolfram weit unter den Rittern. „Schildesamt ist meine Art", singt er begeistert im Parzival: nicht durch seine Sangeskunst will er sich Minne erwerben, sondern mit Schild und Speer. Und so sehen wir ihn auch in der Manessischen Liederhandschrift. Mit geschlossenem Visier. Auf Schild, Helm und Banner sein Wappenattribut: Beile. Andere meinen, das seien Armbrustständer.
Im Spitzhelm des Frauenmünsters finden sie sich, neben anderem Heraldischen, in farbig glasierten Biberschwänzen. Sein Geburtshaus muß ganz in der Nähe gewesen sein. Aber man weiß nicht wo.
Zumeist war er unterwegs. Von Burg zu Burg. Umherirrtreu, wie man damals sagte (vgl. Amorbach, Band 1 und Kötzting). Gestorben ist er schließlich in Eschenbach. Aber sein Grab gibt es nicht mehr. Eine Gedenktafel in der Kir-

che erinnert an ihn. Und ein Brunnen auf dem Marktplatz, neugotisch und stilfremd, gestiftet von König Max II. (1811–1864). Oben steht des Sängers lorbeerbekränzte Statue und am Sockel ein Zitat aus dem Parzival:

Vom Wasser kommt der Bäume Saft,
Befruchtend gibt das Wasser Kraft
Aller Creatur der Welt.
Vom Wasser wird das Aug' erhellt,
Wasser wäscht manche Seele rein,
daß kein Engel mag lichter sein.

Seit 1917 nennt sich Eschenbach nach heftiger Rivalschaft mit der oberpfälzischen Namensvetterin legitim Wolframs-Eschenbach. (Ganz in der Nähe liegen noch zwei: Mittel- und Untereschenbach.)
Das Städtchen mit komplettem Mauerring und zwei Toren schildert der Kunsthistoriker Georg Dehio (1850–1932) treffend: „Das Bild einer Stadt kleinsten Formates und mit einem historischen Stimmungswert, wie es ganz selten noch gefunden wird."
Auch Goethe (1749–1832) war da. Er übernachtete im Fürstenwirtshaus mit dem seltenen Sgraffito, das zu seiner Zeit noch zarter war, wie eine nicht renovierte Wand zeigt. Da fand er den Spruch:

disteln und dornen stechen sehr,
falsche zungen noch vil mehr.
Doch wil ich lieber in dorn und disteln baden
als mit falschen zungen sein beladen.

Des Olympiers Replik steht, im Kratztechnikstil der fünfziger Jahre ums Seitenportal herum:

Gehst du als Wanderer vorbei, trete ein.
Froh entferne dich, segne die Pfade dir Gott.

Stattliche Häuser; viel Fachwerk: Rathaus, Vogtei, Wolfenschmiede, Lammwirtshaus, Hohes Haus. Etliche Häuser

(„Arche Noah") haben wieder die pelzig wirkenden Nur-Nonne-Dächer (siehe Dettelbach). An der Kirche kann man an die dreihundert Wetzrillen und -näpfchen entdekken. Die Bedeutung dieser „Teufelskrallen" ist umstritten. Stammen sie von Messern, Schwertern, Schleifsteinen? Diente der Abrieb abergläubischen Heilkuren? (vgl. Dinkelsbühl und Nabburg, Band 2). In Wolframs-Eschenbach glaubt man eher an ein Feuerreiben für liturgische Zwecke (Weihrauch).
Mauer- und türmebewehrte Orte haben sich in Franken öfter als anderswo erhalten. Das nahe Städtel Merkendorf, beispielshalber, eins der kleinsten Bayerns, gibt sich trutzig. Das Nachbardorf Biederbach hielt sich einen eigenen Lehrer, der nur im Winter Unterricht geben durfte und „in der Kost herumgehen mußte". Wehe, wenn er zu einer Familie kam, von der er ein Kind geschlagen oder nur scheel angeschaut hatte!
Einer der Biederbacher Lehrer konnte nur drei Buchstaben. Jene, die er vorher als Mauerer immer an die Türstürze gemalt hatte: G.J.Ch. („Gelobt sei Jesus Christus"). Ob der unter diesen Umständen den Pflichten eines Schulmeisters nachkam? Er hätte ja auch darüber zu wachen gehabt, daß die Kinder „nicht fluchen, schwören, übel wünschen, mit Karten oder Würfel spielen, stehlen, lügen, betrügen, schlagen, raufen, tantzen, baden, schneeballen, schleiffen auf dem eyß, ungeheueres Schreien auf der gasse, umblauffen und dergleichen andere Leichtfertigkeiten, vorab daß sie sich in die gunkel- oder rockenstuben, würthshäußer zum tantzen und anderen verdächtigen örthern, sonderheitlich des nachts nicht begeben."
Ein befestigter Ort von ganz anderem Zuschnitt ist das sechs Kilometer nördlich von Wolframs-Eschenbach gelegene Lichtenau. Angesichts der Türme denkt man sofort an Nürnberg. Es ist auch eine Nürnberger Festung. Nur liegt sie fünfunddreißig Kilometer von Nürnberg weg, aber bloß deren acht von Ansbach entfernt.

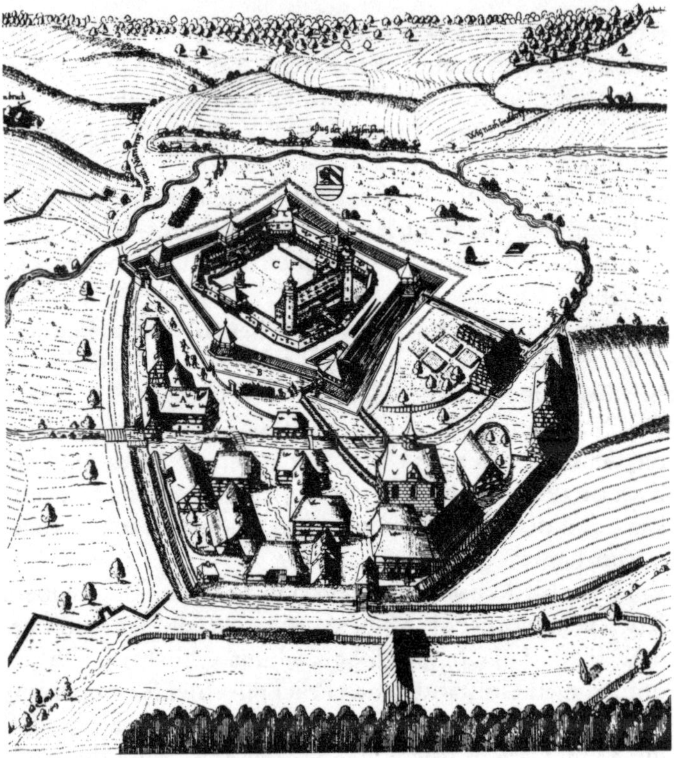

Die nürnbergische Festung Lichtenau

Und das war ihr Schicksal. So war sie allen Markgrafen ein Dorn im Auge. Besonders den beiden gewalttätigen Albrechten, dem Achilles (1414–1486) und dem Alcibiades (1522–1557). Alle zwei haben sie im Abstand von hundert Jahren in Schutt und Asche gelegt.

Das erste Mal hielten die Lichtenauer aus in der Hoffnung auf einen Entsatz aus Nürnberg. Aber der kam nicht, und Achilles „tat ein großes Schießen hinein und schoß alle Brustwehren ab“, wie es in der Chronik heißt.

Hundert Jahre später zog der Pfleger Schnöd daraus eine

Lehre und übergab die Festung dem Alcibiades, bevor noch ein Schuß gefallen war. Eine Übung, die im Dreißigjährigen Krieg zur Tradition wurde: Kaum erspähte man den Feind, schon kapitulierte man. Und der Gegner machte es bald darauf genau so. So kam es, daß die Zitadelle so, wie sie die Nürnberger wieder aufbauten, wozu sie sich fast ein halbes Jahrhundert Zeit ließen, ganz original auf unsere Zeit gekommen ist.

Sie hat neun Bastionen mit den Namen Löwe, Pfau, Elefant, Bär, Drache, Ochs, Pferd, Wolf und Krebs. Innen steht der Schloßbau mit den zwei nürnbergischen Türmen. Das Ganze bietet einen gewaltigen Anblick.

Der größte Feind des fünfeckigen Bollwerks war der Zahn der Zeit. Verfall setzt ihm mehr zu als alle Feinde und die Verwendung als Kaserne, Kriminal-Strafhaus, Zuchthaus, Gefängnis, Obsorgeheim, Arbeitsdienst- und Flüchtlingslager und als Erziehungsanstalt trugen auch nicht unbedingt zu seiner Verschönerung bei.

In solchen Fällen müssen dann schließlich die Denkmalspfleger her. Und denen dankt die Wehranlage auch ihren pfennigguten momentanen Zustand.

Bloß: Was tut man mit solch einem aufgemöbelten Monstrum der Historie mitten auf dem flachen Land im sanftgewellten Rangau? Kaum zu glauben: Der weitläufige Bau kam dem Staatsarchiv Nürnberg gerade recht. Der geräumige Kasemattenring samt Schloß bietet nämlich Platz für sage und schreibe fünfzehn laufende Kilometer Regale, in denen Akten im Gewicht von fünfhundert Tonnen lagern, Protokolle des Bundestags und Bundesrats, des Landtags, Notariatsurkunden, Pflegeschafts- und Nachlaßakten, Testamente, Hypotheken- und Grundbücher, Schularchive, Adelsarchive, sowie die Fotokopien aller Materialien der Nürnberger Kriegsverbrecherprozesse von 1945 bis 1949.

8802 Wolframs-Eschenbach, 2000 Einwohner, Auskunft 0 98 75/2 65
Topographische Karte 1:50 000 L 6730 Heilsbronn.
Sehenswert: Stadtbild (Marktplatz mit Vogtei, Deutschordensschloß und Stadtmauer), Lichtenau (Festung, doppelläufige Wendeltreppe, Ortsbild) Merkendorf (Stadtmauer).
Ansbach 7 km, Gunzenhausen 15 km.

Quellen: Werner Dettelbacher, Hubert Neumann, Wilhelm Schwemmer, Adolf Lang, J.B. Kurz.